击剑——优雅与灵活的运动

盛文林/著

台海出版社

图书在版编目（CIP）数据

击剑：优雅与灵活的运动／盛文林著. －－北京：

台海出版社，2014.7

（全民阅读体育知识读本）

ISBN 978－7－5168－0437－7

Ⅰ.①击… Ⅱ.①盛… Ⅲ.①击剑－基本知识

Ⅳ.①G885

中国版本图书馆 CIP 数据核字（2014）第 175069 号

击剑：优雅与灵活的运动

著　者：盛文林	
责任编辑：王　品	装帧设计：视界创意
版式设计：林　兰	责任印制：蔡　旭

出版发行：台海出版社

地　　址：北京市朝阳区劲松南路 1 号　邮政编码：100021

电　　话：010－64041652（发行，邮购）

传　　真：010－84045799（总编室）

网　　址：www. taimeng. org. cn/thcbs/default. htm

E－mail：thcbs@ 126. com

经　　销：全国各地新华书店

印　　刷：北京一鑫印务有限公司

本书如有破损、缺页、装订错误，请与本社联系调换

开　　本：655×960　　　1/16

字　　数：130 千字　　　　　　　印　张：12

版　　次：2014 年 10 月第 1 版　　印　次：2021 年 6 月第 3 次印刷

书　　号：ISBN 978－7－5168－0437－7

定　　价：29.60 元

前　言

　　击剑是一种贵族运动，当你穿上白色的击剑服，戴上黑色的头盔，潇洒地手持长剑傲然而立的时候，一种自信的气质便会油然而生。击剑不仅是一种锻炼体能和防身技能的体育项目，同时还可以使训练者从内在气质上发生改变，使你的姿态更优雅，气质更高贵。

　　击剑运动是击剑与艺术完美的结合，使之既具有对抗性，又具有观赏性，成为当代极富魅力的一项体育运动，深受广大青少年的喜爱。

　　击剑可以锻炼身体的协调性、柔韧性和灵活性，培养良好的体能，增强体质，能够提高训练者的快速应变能力，尤其对青少年的头脑和智力以及身体的良好发育，都是一种非常有益的培养，练习击剑还可以进行腰腹部的减肥，许多女性朋友通过击剑运动达到了完美减肥塑体的目的。

　　击剑作为世界上最受欢迎的十大休闲运动之一，越来越多的年轻人感受到了它的魅力。胜负的瞬间交替，失败与成功的毫厘之差，似乎哪一项运动都不如击剑来得这般直截了当。在击剑中感悟勇气，感悟坚韧，感悟坦然与豁达，感悟全力以赴追逐目标、尽心尽力享受过程。希望本书的编写能为击剑运动的广泛深入开展，起到积极的推动作用，为帮助广大青少年朋友进行体育锻炼，提供有益的帮助。

目　录

PART 1 项目起源

　　击剑运动是一项古老的体育运动。早在远古时代，剑就是人类为了生存同野兽进行搏斗和猎食所使用的工具。随着时代的发展，剑由最初的石制、骨制发展到青铜制、铁制，最后到钢制，并作为战争的武器，逐步走上历史舞台。

　　随着火药的发明和枪炮的诞生，剑和击剑术在战场上逐渐失去了它原有的威力。尽管剑和击剑术的军事价值日渐减小，但人们仍旧眷恋着它，并将它用于娱乐、格斗和竞赛。因此，剑和击剑术仍旧以它特有的形势得以保留了下来。

　　击剑在古代埃及、中国、希腊、罗马、阿拉伯等国家和地区十分盛行。公元前 11 世纪，古希腊就出现了击剑课，并有剑师讲课。有关古老的击剑形式，在希腊、埃及等国家中的一些历史建筑和纪念碑上都可见到关于击剑的浮雕。

　　到了现代，因剑身的构造及剑术改进，击剑便由武技演变为一种体育运动。在此以前，只有皇室、贵族或御林军才能接受剑术的训练，而一般英雄侠客亦以自己的剑术高超而自豪，并受到众人尊敬。

热衷于决斗的绅士和贵族

中世纪

击剑运动真正起源于中世纪的欧洲，随着火药和枪炮等重武器的出现，击剑术的军事价值便日益减少，但是其在娱乐、格斗和竞赛中的作用就愈加显得重要和流行起来，并逐渐成为一门专有的时尚运动。14世纪在西班牙、法国和意大利出现了一个令人炫目的骑士阶层，他们以精湛的剑术纵横天下，博得了广泛的美誉。此后各国贵族纷纷效仿，一时间击剑成为上流社会的时尚，以至于发展到贵族之间解决纠纷，动辄拔剑相向，一剑定生死。

击剑盛行

当时在欧洲，击剑与骑马、游泳、打猎、下棋、吟诗、投枪一起被列为骑士的七种高尚运动。骑士们平时凭剑起誓忠诚，死后的墓碑上必雕刻着剑。社会上的闲适阶层、骑士、贵族更是习惯随身佩戴一把剑，把掌握一定的击剑技术作为一种高尚的技能。为了研究和推动击剑技术的发展，欧洲各国纷纷成立击剑行会（击剑协会和学校）。其中最早和最富盛名的就是马克斯布律和洛温欠格的斯特·马库斯协会，其总会设在法兰克福，分会遍及各地，并与1480年的纽伦堡得到了罗马皇帝特许权。这些协会的创建都有力地促进了击剑运动在世界的蓬勃发展。

西班牙被认为是现代击剑运动的摇篮，第一本击剑的书籍就是由两位西班牙教练编著而成的，并且西班牙人多莱德改进制造了一种轻巧细长、高质量、类似于现代重剑的三菱形剑，取代了原来那种笨重长大的传统剑。

16 世纪到 17 世纪初

最先使剑术得以规范的还是意大利"击剑之父"马罗佐，以及后来的阿格里巴和吉冈蒂。1536 年马罗佐在西班牙人论述击剑技术的基础上，进一步详细地撰写了《击剑原理》。阿格里巴在 1553 年、吉冈蒂在 1606 年分别写《击剑论》。在这些学术著作中，主要论述了击剑运动的四个基本姿势，但就是这四个基本姿势的论述和应用使得意大利人在击剑技术教学方面一度处于欧洲的领先水平，产生了极大影响力。从此击剑正式作为一种格斗性质的艺术被确认并流传下来。

执剑的绅士

击剑运动真正得到全面的发展还是在法国亨利三世和亨利四世时期。而 16 世纪末和 17 世纪初盛行的欧洲决斗中，为了满足人们对击剑的爱好和需要，又不至于伤害生命，一种剑身较短并呈四棱形，剑尖用皮条包扎的新型剑被设计出来，受到人们的普遍欢迎，并得到广泛开展，这便是现在花剑的雏形。从此，在欧洲的习武厅、击剑厅及专业学校里，花剑的击剑方式逐渐形成并日趋完善。

1588 年到 1601 年法国决斗成灾，20 年里巴黎就有 8000 名贵族、绅士在决斗中毙命。一言不和，便以决斗决胜负。"我们去郊外吧"，成为人们最熟悉不过的挑战语言。上流社会巨大的人员伤亡，导致了王室及贵族阶层的警觉与恐惧，法国国王路易十三的宰相黎塞留为此发出禁令不许决斗，然而直至 1627 年甚至将一位公爵处决也仍然未能平息决斗热。为了满足人们的决斗热情而又不至于伤人，于是人们设计出了上述那种轻巧、剑身呈四棱状的剑。

在法国路易十四时期，法庭上正式规定击剑者的服装：男士要穿浮花织锦的外衣和斗篷，下身穿着马裤和长筒袜；贵妇也要身穿丝绸和缎子制作的马甲或坎肩式上衣，同时配合讲究的发型。1643年前后，法国国王路易十四对当时法国的击剑服装和器具做了统一的规定，并将巴黎资格最老的6名剑术师封为世袭贵族，由此开法国剑术流派之先河，击剑作为一种体育竞技项目初具雏形。

法国国王路易十四

18世纪末到19世纪初

1776年，法国著名击剑大师拉·布瓦西埃发明了面罩，这一发明使击剑运动进一步走上了高雅道路。它不但使得击剑从粗暴、流血、生死相斗中解放出来，也为击剑攻防技术的发展提供了强有力的条件和保障。人们戴上面罩、手套，穿上击剑服，就可以安全地进行一连串的攻防交锋，面罩的问世是击剑运动发展的一个里程碑。法国随之成为当时欧洲击剑运动发展的中心。

18世纪末，匈牙利人对东方波斯人、阿拉伯人及土耳其人早期骑兵用的弯型短刀进行了改革，于剑柄上装配了一个像弯月形的护手盘，在击剑时可以起到保护手指的作用。后来，意大利击剑大师朱赛普·拉达叶利将它进一步改进，使它能在击剑运动和决斗中使用，克服了像弯月形的护手盘笨重的缺点，并根据骑兵作战的特点，规定有效部位为腰带以上，这便成为现代佩剑的前身。从此，人们在从事击剑时就可以自由地选择花剑、重剑和佩剑。

19世纪初，在法国击剑权威拉夫热耳的倡议下，将花、重、佩这三种不同式样的剑的重量再加以减轻，同时对一些技术原理及战术意义进行深入研究，并且在一些欧洲国家经常开展竞赛活动。击剑运动由此逐渐成为国际性的体育竞赛项目，并最早成为奥林匹克大家庭中的一员。

第一届奥运会击剑比赛场面

自从 1896 年雅典现代奥运会开始以来，击剑是少数几个每届奥运会都列为比赛项目的运动之一。国际击剑协会于 1913 年成立，在 1924 年，女子击剑项目开始引入奥运会，并于 1974 年德黑兰亚运会上成为亚运会的正式比赛项目。

到 19 世纪后期，击剑成为一项竞技性体育运动，1882 年法国成立世界上第一个击剑协会，1893 年美国业余击剑协会成立。1896 年首届奥运会就有击剑项目，并且是惟一允许职业选手参赛的项目。

比赛在一个约 2 米宽、14 米长，两端各有 2 米延伸带的击剑垫上进行，垫上画有中线、开始线、警戒线和端线，剑手只能前进或后退，不能向左右移动。剑手须穿戴覆盖有效部位的金属背心和面罩，当有效部位被刺中时，电动裁判器会自动显示红灯或绿灯，刺中无效部位则亮白灯。

运动员穿戴击剑服装和护具，在击剑场上以一手持剑互相刺击，被先击中身体有效部位的一方，为被击中一剑。有多种进攻技术和防守技术，并在规则许可的范围内运用各种

1882 年法国成立第一个击剑协会

战术取胜。

比赛项目男子有花剑、重剑、佩剑；女子有花剑、重剑、佩剑。均有个人赛和团体赛。团体赛为每队3人的队际相遇赛。个人赛先采用分组循环赛，然后根据组内成绩指数排位，进行单败淘汰赛。循环组赛为4分钟内先击中5剑者为胜。单败淘汰赛为每局3分钟，击中剑数累计，先击中15剑者获胜，最多打3局，每局之间休息1分钟。团体赛则根据个人赛成绩，直接进行单败淘汰赛。

PART 2　历史发展

奥运会击剑运动

世界击剑运动

在现代奥林匹克的历史进程中，击剑运动伴随着现代奥运一起，在不断满足社会需要的过程中，以"更快、更高、更强"的奥林匹克精神为指导，朝气蓬勃地走向自己的未来。

现代击剑运动是奥运会的传统项目。1896 年在雅典举行的第 1 届现代奥运会上就设有男子花剑、佩剑的比赛。1900 年在巴黎举行的第 2 届奥运会上增加了男子重剑比赛。1924 年在巴黎举行的第 8 届奥运会上又增加了女子花剑比赛。1992 年在巴塞罗那举行的第 25 届奥运会上，女子重剑被列为正式比赛项目。女子佩剑于 2004 年雅典奥运会上被正式列为奥运会项目。

1913 年 11 月 29 日在法国巴黎成立了国际击剑联合会。1914 年 6 月在巴黎通过了《击剑竞赛规则》，从而使击剑运动竞赛趋向公平、合理。

1931 年，重剑比赛开始使用电动裁判器。1995 年，电动花剑裁判器也运用于比赛。1989 年，佩剑比赛开始采用电动裁判器。电动裁判

1896 年雅典奥运会开幕式

器的发明也是现代击剑运动史上的一个里程碑。它使击剑比赛更加公平，同时推动击剑技术向更新的高度发展。

法国、意大利、俄罗斯、德国、匈牙利在不同时期，都是击剑强国。引领着世界击剑运动发展的潮流，并各自代表一个古典的击剑流派，其基本技术动作和战术打法风格都有明显的差异。近 50 年来，击剑技术动作和战术打法风格有了迅速的发展。

花剑运动是最早进入现代奥运会的击剑项目之一。随着国际间的交往增多，特别是电动花剑的发明，花剑的技战术打法得到迅速的发展。20 世纪 50 年代末，法国和意大利在花剑项目上的优势极其明显。前者的打法冷静沉着，一般是以技巧取胜；后者的打法紧逼接近，擅长通过剑的不断接触控制对手，采取果断的进攻策略。

20 世纪 60 年代初，苏联异军突起，但是更加注重身体的素质，善于把握实际采取强攻态势，并在强攻的基础上打第二意图战术，出奇制胜。70 年代末和 80 年代初，联邦德国后来居上，其打法比较随意，最先使用甩剑刺、点刺和大角度刺，给人以耳目一新的感觉。90 年代古巴也开始崛起，古巴的击剑运动员速度极快，爆发力强，以频繁的攻守转换、极强的交锋能力打击对手。此外，韩国和中国近年来也有上佳的表现。这直接造成了目前花剑项目的竞争已是群雄逐鹿、竞争异常激烈。

重剑运动自进入奥运会以后，多年来由于打法单一，发展较为缓慢。但是 70 年代以后重剑运动就进入一个崭新的发展历程当中。当时以身高 2 米的瑞典选手麦德林为典型代表，凭借着身高臂长的巨大优势，寻找机会甩剑反攻的打法独霸剑坛。

20 世纪 80 年代重剑进入了以匈牙利、联邦德国、苏联、法国、意大利为代表的多元化发展时代，并涌现出一大批优秀的重剑运动员，从此重剑项目就呈现出了争奇斗艳的局面。匈牙利的斯凯利以剑招怪特著称，善于诱骗对手并进行有效地反攻。而匈牙利有一位矮个子的选手高内恰尔则擅长运动多变的步法诱使高个子运动员误入圈套，被打下蹲反攻刺手臂下侧。联邦德国的朴许和鲍尔曼则以主动出击寻求交锋为主。朴许练就一套漂亮实用的甩剑刺结合的剑刺脚，或第二防还刺的绝活。鲍尔曼以快速接近对手引诱对手抢攻后，再用对抗防反下线或刺脚闻名于世。苏联的迪斯科攻势更是以凶狠的打法并使对手难以喘息的最典型的攻击型速战速决立足于剑坛。法国的里布和昂格里姿势优美，手法细腻，讲究攻守结合。意大利的马佐尼观察细致，善于紧逼，技术全面，战术狡诈多变，连续交锋能力强。

20 世纪 90 年代重剑技战术趋向在攻防技术全面发展的基础上，突出特长和绝招。俄罗斯的克罗科波夫和德国的史密特是这个时代最为突出的核心代表人物。克罗科波夫控制能力极强，能攻善守，攻击点上下落差大，面广变化多，往往

快速击剑手法

使得对手顾此失彼、不知所措，防守体系也是难有破绽，无懈可击。史密特手上功夫非常好，善于随机去捕捉对手的特点和弱点去采取适合的对策，善于使用步伐的变化造成对手错觉并落入圈套，最后才给对手致命一击。

佩剑也是最早进入奥运会的基建项目，纵观其发展的历程，一共经历了三次重大的变革。50 年代匈牙利统治着佩剑的领域，并全面地研究了进攻的最佳时机问题。从中认识到在比赛中不应该消极等待对手的错误才发起进攻，而是应该积极地解禁对手，主动创造和捕捉有利的进

攻时机展开攻击，因此取得突破，速度更快，更具威胁。

相对之下，佩剑的防守显得脆弱，很难抵挡犀利的进攻。所以比赛中运动员均将进攻视作最为有效的手段，为了避免陷入被动挨打的局面，双方从一开始都力争先发制人。这样就造成了佩剑比赛成为一场简单的"对攻战"，"互中"的情况也频繁发生，比赛单调不精彩，也使得其观赏性远不如花剑。为了纠正这种"攻强守弱"的偏差现象，"轮换优先裁判权"的新规则应运而生，这就是佩剑的第一次变革。

由于新规则的限制，重剑比赛必须寻求更有效的防御体系，当时苏联的佩剑在这一方面率先取得成就。在比赛中充分利用场地加强步法移动，以此增大实战距离延长进攻者接近的过程，并在观察判断的基础上组织和选择防守战术。对没把握的交锋就利用"警告线"的规则退出场地，来缓和或采用"击剑线"等迂回战术。这些防守战术的成功实施，增加了进攻者的困难，但是也使得比赛消极松懈。为了克服这些弊端，佩剑便出现了第二次变革：将场地从28米改为18米再到现在的14米，直到最后取消"警告线"。

男子佩剑比赛

这次变革通过20多年的时间，并没有达到最初预计的效果，比赛仍然显得枯燥无味。因此，国际剑联经过反复商讨研究，意识到以往对佩剑规则的修改并没有从根本上改变攻强守弱的现象，也未有效地促进攻防对抗能力的提高，其根源是在于攻防步法的不均衡。只有限制"交叉步"与"冲刺"等快速接近的进攻步法，才能增加进攻的难度，使得进攻双方进退距离相应均衡。这样就有利于攻防能力的提高。于是1994年在佩剑比赛中禁止使用"交叉步"和"冲刺"进攻及"互中"不计分，从而彻底摆脱了长期以来攻强守弱、攻防失调的现象，使得佩剑的打法进入了第三次变革，进一步推动佩剑运动向前发展。目前，佩剑运动进入了一个相对稳定的发展阶段，同时，高水平的竞技运动与大众化的娱乐健身，两者均衡发展也成为击剑运动追求的新目标，从而使得这一古老的奥运项目焕发新的青春，更加具有魅力。

目前，奥运会击剑设 10 个项目。即男子花剑、重剑、佩剑个人赛；男子重剑、佩剑团体赛；女子花剑、重剑、佩剑个人赛；女子花剑、佩剑团体赛。

中国击剑运动

中国击剑运动启蒙于 20 世纪 50 年代，1955 年苏联专家赫鲁晓娃在北京体育学院（现北京体育大学）开设击剑专修课，开始把击剑运动引入中国。1959 年，在第 1 届全运会上击剑被列为表演项目；在 1965 年第 2 届全运会上被列为正式比赛项目。1973 年，中国击剑协会成立，同年加入亚洲击剑联合会。1974 年加入国际剑联，这标志着我国击剑运动走上国际舞台。

1978 年 3 月，我国击剑选手栾菊杰在西班牙马德里第 29 届世界青年锦标赛上，在持剑手臂严重受伤的情况下，奋力拼搏，战胜强手，夺得亚军。这是中国击剑的历史性突破，在世界击剑界引起了轰动。

1984 年，在第 23 届奥运会上，栾菊杰又不负众望，一举夺得女子花剑冠军，再一次轰动世界击剑界。

1992 年，在第 25 届奥运会上，王会凤夺得女子花剑亚军。在 2000 年第 27 届奥运会上，中国男子花剑"三剑客"夺得男

1978 年亚运会，栾菊杰勇夺女子花剑冠军

子花剑团体亚军。

在 2004 年第 28 届奥运会上，谭雪夺得女子佩剑亚军、王磊夺得男子重剑亚军，男子花剑"三剑客"再一次出征奥运会又取得男子花剑团体亚军的骄人战绩。

2006 年 10 月都灵击剑世界锦标赛，王磊夺得男子重剑冠军，女子重剑取得团体冠军，这是中国击剑史上又一次重大的历史性突破。

2008 年第 29 届北京奥运会上，仲满获得男子佩剑冠军。女子佩剑团体获得第二名的好成绩。

2012 年第 30 届伦敦奥运会上，中国击剑队获得的 2 块金牌分别是：男子个人花剑，雷声夺得金牌；女子

2012 年中国再夺女子重剑团体冠军

重剑团体，李娜、孙玉洁、许安琪夺得金牌。

轮椅击剑

轮椅击剑运动早在第一届残奥会上就已经成为赛会的正式比赛项目之一，一直发展至今，轮椅击剑在残奥会上的正式比赛项目有男、女个人赛和团体赛。其中男子有花剑、重剑、佩剑三个剑种，女子有花剑和重剑两个剑种。

在第二次世界大战期间，战况尤为激烈，欧洲战场上出现了很多伤残士兵，医生试图减轻这些残疾人的瘫痪程度，他们从研究及文献中发现"运动"是对残疾人进行治疗及康复的有效方式。

因此，残疾人运动才开始被采用，先盛行于英国、美国、德国，而后才传入其他国家，这便是现代残疾人体育运动的雏形。1948 年英国斯托克·曼德维尔（Stoke Mandeville）国立脊髓损伤中心举办了残疾人体育比赛，当时只有 16 名坐在轮椅上的伤残士兵参加，此后该运动会每年举行一次。直到 1952 年，有了荷兰退役军人参加这项比赛，于是成立了国际斯托克曼德维尔运动会联合会（International Stoke Mandeville Games Federation，ISMGF），自此，该运动会就逐渐演变成为国际性体育活动。

经过英国的路德维格·格特曼爵士和意大利的安东尼娅·马里奥教授为期两年的精心组织策划，1960 年，紧接着当时的罗马夏季奥运会之后，来自欧美 23 个国家的约 400 名伤残运动员聚集罗马，举办首次世界残疾人运动会，残奥会的定义开始出现。当时，轮椅击剑运动就被列为正式比赛项目，但是只有男子佩剑个人赛和团体赛以及女子花剑个人赛。

从那以后，历届残奥会都设有轮椅击剑比赛项目。1964 年在日本东京举行的第 2 届残奥会上，轮椅击剑运动增加了男子重剑个人和团体比赛。1968 年第 3 届残奥会，又增加了男子花剑个人和团体比赛项目。

击剑运动在欧洲素来就是贵族运动的象征，极为流行。受益于击剑运动的影响力，轮椅击剑运动自问世以来，在欧洲就一直非常流行，但直到最近 20 年左右，才在北美洲和亚洲推广开来。目前，全世界有 24 个国家和地区开展了此项运动。

2004 年，雅典残奥会的轮椅击剑比赛，吸引了来自 17 个国家和地区的近百名运动员参加。比赛共设 15 个小项。中

纽约 1984 年残奥会会徽

国残奥会代表团首次派出轮椅击剑队（由3名男选手组成，分别是张蕾、张冲和胡道亮）参赛，就获得了公开级男子花剑团体赛金牌和公开级男子重剑团体赛的铜牌；此外张蕾还获得A级男子花剑个人赛银牌。中国香港队在参赛各队中成绩最为突出，获得8金、5银、1铜。

国际奥委会和国际残奥委会签署协议规定：申办奥运会的城市，必须同时申办残奥会；奥运会后一个月内，在奥运会举办城市的奥运场地举行残疾人奥运会。

2010亚残运会轮椅击剑女子重剑团体赛中国夺冠

第13届北京残奥会轮椅击剑比赛分为男、女个人赛和团体赛。男子有花剑、重剑、佩剑三个剑种，女子只有花剑和重剑两个剑种。团体赛每队由3名运动员组成，其中至少有1名B级的运动员。

从1960年至2010年已举办了14届夏季残奥会和10届冬季残奥会。

PART 3 目前状况

欧洲称霸世界剑坛

翻开奥运击剑史册，欧洲共有 17 个国家夺取各个剑种金牌 172 枚，其中意大利、法国、匈牙利位列前三甲。

意大利击剑在第 7 届奥运会中，包揽男重个人前三名，男重团体第一名。第 11 届奥运会中，夺取男花个人赛和团体赛金牌。第 16 届奥运会，包揽男重个人前三名。意大利以花剑著称，重剑和佩剑次之。在历届奥运会中，意大利共获得金牌 43 枚（花剑 22 枚、重剑 14 枚、佩剑 7 枚）、银牌 37 枚、铜牌 36 枚，奖牌总数 116 枚，高居金牌和奖牌总数榜首。

意大利击剑队全体运动员教练员与意大利大使合影

法国击剑享誉世界，形成独特的法国击剑流派。第 2 届奥运会，法国包揽业余运动员花剑前三名，职业花剑个人前三名，职业重剑个人前三名。职业重剑个人前三名。第 4 届奥运会，摘得男重个人前三名和团体金牌。第 7 届奥运会，包揽男重个人前三名。在历届奥运会击剑比赛

2008 年法国队获男子佩剑团体冠军

中，法国共获得金牌：花剑 19 枚、重剑 16 枚、佩剑 4 枚、金牌总数 39 枚；银牌 39 枚、铜牌 35 枚，奖牌总数 113 枚，成绩仅次于意大利。

在历届奥运会中匈牙利以男子佩剑称雄，重剑次之，女子以花剑著称，重剑次之。第五届奥运会中，匈牙利包揽佩剑个人前三名，佩剑团体第一名。在第 26 届至第 28 届奥运会上，匈牙利男女花剑、男子重剑和佩剑，均无金牌，仅女子重剑摘取两金。在历届奥运会中，匈牙利获得金牌 34 枚（佩剑 22 枚、重剑 7 枚、女花 5 枚）、银牌 24 枚、铜牌 24 枚，奖牌总数是 82 枚，紧跟随意、法之后。

苏联是第 17 届奥运会上才与金牌结缘，苏联以佩剑为龙头项目，花剑随后。第 17 届至第 24 届奥运会上，苏联共获得金牌 18 枚（佩剑 7 枚、男女花剑各 5 枚，重剑 1 枚），充分显示了其强大的实力。1991 年苏联解体，1992 年 3 月 9 日，国际奥委会宣布，前苏联 12 个共和国已同意最后一次共同参加

2007 击剑世锦赛团体赛中匈牙利夺得男子佩剑团体金牌

巴塞罗那奥运会。萨马兰奇说："这与独联体没有任何关系，联合队是一个体育概念，而不是政治上的概念。"作为对 12 个国家独立特色作出的一种让步，国际奥委会决定：当联合队的运动员在巴塞罗那的个人比赛中获胜时，将升起运动员所在国的国旗，并播放他们的国歌。

巴塞罗那奥运会，独联体四面楚歌，而击剑更是举步维艰，仅获得佩剑 1 枚金牌，这与前苏联的雄厚实力和战绩形成了鲜明对比，真所谓："三十年河东，三十年河西。"随着苏联的解体，俄罗斯的击剑步入低谷，但是随着俄罗斯局势的稳定，体育事业得到恢复，俄罗斯击剑事业开始跳出低谷。第 26 届至第 28 届奥运会，俄罗斯又重放光彩，共夺 8 金（重剑 4 金、佩剑 3 金、花剑 1 金）。

俄罗斯击剑队获得冠军

历届奥运会上，苏联、独联体、俄罗斯共获得 27 枚金牌、19 枚银牌、24 枚铜牌，排在意、法、匈之后，名列第四。

美洲发展缓慢

古巴队女击剑选手

在奥运会剑史上，美洲仅有古巴和美国曾染指金牌。古巴在第 1 届至第 3 届奥运会上共获得 4 金 4 银 3 铜，共 11 枚奖牌；美国获得 2 金 6 银 12 铜，共 20 枚金牌。在第 3 届奥运会首次设男子花剑团体，但仅有两个国家参加，古巴队获金牌。此外，奥运会上墨西哥获 1 枚银牌，阿根廷获得 1 枚铜牌。

随着世界击剑运动的普及，美洲

美国击剑队队员

整体实力与欧洲相比较为薄弱，尤其是在第四届奥运会后，美洲击剑发展缓慢，因此在奥运会剑坛，美洲很难与欧洲相匹敌。

直至2004年第28届雅典奥运会，美国女子佩剑异军突起，一举夺得女子佩剑个人赛的金牌和铜牌，整整84年，美洲才再次登上金牌领奖台。

大洋洲、 非洲实力薄弱

大洋洲开展击剑运动的国家主要是澳大利亚和新西兰，由于缺少洲际大赛和应有的交流，因而大洋洲的击剑发展缓慢，至今大洋洲击剑与奥运奖牌无缘，更无金牌建树。

非洲由于经济上的落后，影响到击剑在该区域的开拓和发展，历届奥运会，非洲很少有国家派队参加击剑角逐，更无夺牌记录。

亚洲异军突起

奥运击剑百年，亚洲起步较晚，但进步神速，第23届奥运会以前，亚洲击剑与奖牌无缘。直到第23届奥运会，中国栾菊杰夺得女子花剑桂冠。1992年巴塞罗那第25届奥运会，王会凤获得女子花剑个人银牌。2000年悉尼第27届奥运会,中国男子花剑队在与法国争冠中,以44∶45一剑之差惜败,屈居亚军;女子花剑获得团体第3名。第27届奥运会中,韩国击剑运动员夺得男子花剑个人冠军。

2004年雅典第28届奥运会,中国击剑队夺得男花团体银牌,男子重剑银牌,女子佩剑个人银牌。

2008年北京第29届奥运会,击剑金牌的数量是可观的,10枚金牌称得上是"金牌大户"。因此,无论从影响,还是金、银、铜30枚奖牌的数量上来看,击剑都是有"分量"的项目。

2008年北京奥运会中国获男佩个人冠军,女佩团体亚军。2012年伦敦奥运会中国共获得两枚金牌,即男花个人冠军,女重团体冠军。

获得2010年世界击剑锦标赛男子花剑团体金牌的队员

中国击剑运动的现状

"中国击剑选手身体素质不逊于欧洲选手,但心理状态有些脆弱,有时候太含蓄,这会让我怀疑,他们是否真的喜欢这项运动?中国击剑需要提高的不是技术,而是一种气质",中国击剑教练鲍埃尔说。

谈到中国击剑的现状,鲍埃尔想都没想就滔滔不绝,他以奥运冠军仲满为例:"仲满为什么奥运会上打得那么好,就是因为他的心理没有负担,而他的技术水平其实已经进入了世界一流剑手的行列,这种情况下,很容易创造好成绩。"不过到了全运会的赛场上,头顶奥运冠军光環的仲满却背上了沉重的心理包袱，在鲍埃尔看来，这就是他个人赛失手的根本原因："在国家队时，他就向我表达过全运会一定要替江苏拿金牌的决心，而且他刚刚有了女儿，很想拿金牌当礼物。可在我看来，就是这种包袱让仲满在比赛中失去了平和的心态，他和王敬之一战如能摆正心态，完全有胜机。"

重压之下就不会比赛，鲍埃尔认为，仲满的现象不是个例，而是中国击剑普遍存在的问题，奥运会上，谭雪、包盈盈身上都存在着这一问题。"谭雪在我看来绝对是世界上最好的佩剑选手，她的问题就是出现在心理上。"在鲍埃尔看来，中国击剑要想上一个台阶，强化心理比提高技术更为重要。

拥有"佩剑教父"之称的鲍埃尔，曾带领意大利弟子夺得雅典奥运会佩剑个人冠军。2006年8月他担任中国佩剑队主帅，当年年底中国队就在多哈亚运会上拿到了佩剑男、女个人和团体4枚金牌。

鲍威尔与爱徒仲满同享荣耀瞬间

北京奥运会上，鲍埃尔的弟子仲满摘得男子佩剑个人金牌，为中国击剑队打破了24年的金牌荒。奥运会后，鲍埃尔成了中国军团38个洋和尚中唯一拿到续约合同的人。可是续约之后，鲍威尔最大的烦恼就是找不到人才，年轻选手没有潜力，老将们没经过多长时间的系统训练，一复出就能拿冠军，这绝对是中国击剑的悲哀。为了更好的备战下一届奥运会，打造更多有实力的年轻选手。鲍埃尔认为派更多年轻选手多去参赛积累经验是目前最可行的方法。

PART 4 竞赛规则

基本规则

比赛方法

击剑比赛分为个人赛、团体赛。个人赛采用小组循环制和直接淘汰制，团体赛直接采用单败淘汰赛制。

个人赛：

首先分成若干个小组，在小组内打循环赛，每场4分钟，谁先刺中对方5剑，谁就取胜；

接着将所有运动员按参加小组循环赛的成绩排队，淘汰20%~30%；

然后进入下一轮直接淘汰赛；

直接淘汰赛的每一场比赛方法采用每盘击中15剑，比赛时间为9分钟。每盘分为3局，每局3分钟，局间休息1分钟；

一名运动员击中15剑或者9分钟规定时间全部用完，击中剑数多的运动员获胜；

若在规定时间结束时出现平分，则需加赛1分钟。加赛中，击中第一剑的运动员获胜。加赛前，运动员必须进行抽签，若平分情况持续至加时赛结束，则抽中优胜权的运动员获胜。

中国队夺得2011年击剑世锦赛男子花剑
团体赛冠军

团体赛：

每队4名队员，3人参加团体对抗，1名队员作为替补；

每场3分钟打5剑，共9场。先得45分的队获胜；

如果有的运动员在规定的3分钟内没有刺中对方5剑，这一队的下一名运动员接着比赛往下

打，可以打到他那场应该打到的分数，即：第一场到5分，第二场到10分，第三场到15分……一直打到取得45分，最先获得45分的团队为胜。

比赛性质

个人赛：以个人比赛的成绩评定一个人名次的比赛。

团体赛：以队为单位、以两队运动员之间的相遇的成绩评定各队胜负和名次的比赛。

青年比赛：不满二十周岁（按每年一月一日计算）的青年比赛。

少年比赛：业余少年运动员参加的比赛，年龄可按比赛规程规定的日期确定。

锦标赛：由各省、市、全国性协会、国家体委直属院校分别选派最好的运动员组成代表队所进行的全面性比赛。

少年宫击剑队的百余位少年舞剑

冠军赛：争夺个人名次的个人比赛。

邀请赛：由省、市或单位主办，邀请各队参加，比赛项目、方法、规则都可以自行决定的比赛。邀请赛不属于国家体委举办的正式比赛。

准备比赛

第一个被叫到名字的运动员应站在主裁判的右侧（左手持剑的运动员与右手持剑的运动员比赛时，左手持剑者应站在主裁判的左侧）。

准备时，运动员应先让主裁判检查服装、器材，检查完毕，前脚站在准备线后面相对方致意。当主裁判询问："准备好了没有？"运动员应予以回答或点头示意，并做好实战准备姿势，待主裁判发出"开始"口令，方可交锋。

交锋中断而未判一方被击中，运动员则在原地重新准备；时间到，比分相等，需要再继续决一剑分胜负时，也在原地重新准备。

交锋中断，一方被击中，则双方都回到准备线，重新准备。

双方经过交锋而靠近，重新准备时，双方应后退同样距离。

一方冲刺或超越对方，重新准备时，冲刺者后退到原来位置。

未被通知警告线的运动员，重新准备时不能使本来在警告线前的对手后退至警告线之后，如果对手已在警告线之后，也不能使他再后退而失去场地。

在花剑、佩剑比赛中，在主裁判发出"开始"口令前，不能以持剑线态势代替实战姿势。

开始与中断比赛

运动员在主裁判发出"开始"口令后，才能发动进攻，口令前一切击中都不算。

运动员在主裁判发出"停"的口令后，不能再继续做新的动作。"停"以后一切击中都不算。

主裁判遇到下列情况应发出"停"的口令：

（1）角裁判或电动裁判器发出信号。

（2）双方身体接触、相持不下和运动员犯规。

（3）运动员一脚或双脚越出了边线。

（4）一方运动员退到警告线。

（5）运动员要求暂停。

（6）一方运动员超越对方身体。

（7）一方运动员被击中。

（8）最后一分钟。

（9）电动裁判器发生故障。

（10）运动员面罩脱落、剑脱手或折损，运动员跌倒或受伤，运动员身上的电线插头脱落，剑、金属衣发生影响比赛的情况。

因受伤被迫中断比赛

（11）发生意外情况或容易发生意外危险的情况。

交换场地

室外比赛，每击中一剑应交换场地（正式比赛应在室内进行）。

室内比赛，击中剑数达到每场规定剑数一半或超过一半时，应交换场地。

使用电动裁判器械，不交换场地。

主裁判有权决定交换场地，以便观察运动员的犯规动作。

左手持剑的运动员与右手持剑的运动员比赛时，运动员可以不交换场地，但主裁判两侧的角裁判交换位置。

观察运动员不持剑手的犯规动作或观察是否击中场地的角裁判，在每场比赛达到规定剑数的一半时，也应交换位置。

身体接触、冲刺与近战

（1）在花剑、佩剑比赛中，不允许身体接触。在重剑比赛中，运动员为了近战，甚至多次发生身体接触（非粗暴性）是允许的，主裁判不应过早地叫"停"。

（2）要把正常冲刺造成身体接触和粗暴冲撞区别开来。

（3）在运动员正常使用剑、主裁判又能观察交锋的情况下允许近战，但近战中禁止转身背向对方。

国际剑联女花世界杯团体赛交换场地中

闪躲、移动、超越身体

（1）比赛中允许移动和闪躲，但禁止有意逃跑或转身背向对方。

（2）比赛中，运动员超越对方后，主裁判应立即叫"停"。超越前击中有效，超越后击中无效，但被超越者在"停"以前做出转身还击动作是有效的。

越出边线

（1）运动员一脚越出边线，主裁判应叫"停"，不予处罚，双方在原地准备。运动员双脚越出边线时，主裁判叫"停"，重新准备。在花剑比赛中罚越出边线者后退 1 米，在重剑比赛时罚越出边线者后退 2 米。若罚退的运动员未被通知警告线，罚后退后超过警告线，则罚在警告线上准备；若被通知过警告线，罚退又超过端线时，则判被击中一剑。

（2）运动员为了避免被击中而有意越出边线时要处罚。

（3）双脚越出边线的运动员在场外击中场内运动员不算，而场内运动员连续动作击中场外运动员有效。

（4）由于偶然事故而越出边线者不受处罚。

越出警告线和端线

（1）花剑比赛场地为 14 米长，警告线距离端线 1 米。比赛中，运动员后脚到警告线时，主裁判叫"停"，通知运动员"警告线"，运动员后脚在警告线上重新准备，当他在比赛中向前移动、前脚碰到中线时解除警告。

（2）重剑、佩剑比赛场地的实际长度为 18 米。一般在 14 米通用场地上比赛，当运动员后脚碰到 14 米端线时，主裁判叫"停"，并通知"警告线"。运动员后脚在离端线 2 米距离的警告线上重新开始。当他在比赛中向前移动。前脚碰到中线再次后退。后脚碰到警告线（离端线 2 米）时，主裁判将重新叫"停"，通知其"警告线"。只有当他将对方也逼到被通知警告线时或有一方被判击中一剑时，才有后脚重新退到端线处、再被主裁判通知警告线的权力。

（3）被通知警告线后，有一方被判击中一剑时，警告解除。

（4）被通知警告线后，在警告未被解除的情况下，双脚退到端线，将罚判被击中一剑。

弃权

（1）运动员经二次点名仍未出场，作弃权论。

（2）运动员因伤、病及其他原因不能参加比赛时作弃权论。

犯规与处罚

为了保证比赛的正常进行，对于击剑比赛过程运动员出现犯规的情况，裁判员应予以必要的处罚，尤其是当运动员出现消极比赛情况的时候，裁判员更应该予以适当的处罚以使得比赛能顺利地进行下去。

普通犯规的处罚

比赛重新开始后，一般情况都是从同一地点开始比赛（判罚丧失场地除外）。判罚丧失场地一般是把比赛的现场向犯规的团体移一米。如果选手的双腿都触底线，将被罚击中一剑。

黄牌警告后，重犯同一错误，也会被罚击中一剑。比如在佩剑中的冲刺冲撞，在花剑中故意做身体接触，在重剑比赛中推挤对手也属于故意身体接触行为，都会被罚击中一剑。

转身背向对手、剑尖在场地上非法拖划和重刺或者用不持剑手遮盖避免被击中都是犯规行为。第一次给以黄牌警告，如果再犯，将出示红牌判罚被对方击中一剑。对那些更为严重的犯规，比如报复与粗暴冲撞以及与对手串通舞弊，裁判应该立即出示黑牌将犯规者直接驱逐出场。

特殊情况下的直接得分。当某一运动员超出剑道的边线时裁判员叫停。如果出界运动员是在连续交锋中被击中，这一击中有效。当一名运动员的双脚完全超出剑道的端线，将被罚击中一剑。

击剑的判罚类型

黄牌警告、红牌处罚一剑、黑牌开除比赛三种。相对应的处罚的类型也分为四类：第一类：黄牌警告；第二类：红牌被罚剑；第三类：初犯被罚红牌，同时在同一场比赛中又犯了同类型的错误将被罚黑牌（开除出分项比赛）；第四类：直接被罚黑牌（可根据情况开除出分项比赛或整个比赛大会，并被停止参加两次比赛）。

消极比赛

在比赛过程中，比赛双方运动员一旦出现消极比赛，裁判员立刻下达"停"口令。

个人赛

如果在直接淘汰赛中出现第一次消极比赛，裁判员应立即给比赛双方运动员以黄牌警告，并直接进入下一局的比赛，取消比赛中一分钟的休息时间。

如果在直接淘汰赛中出现了第二次消极比赛，裁判员应立即给比赛双方运动员处以红牌警告，并直接进入下一局的比赛，取消比赛中一分钟的休息时间。

如果在直接淘汰赛中出现了第三次消极比赛，裁判员立即取消双方运动员的比赛资格（黑牌警告），取消双方运动员之后在本届比赛中的个人赛及团体赛比赛资格，并且双方运动员将被取消参加下一届国际剑联举办的相关剑种的正式比赛的参赛资格。

如果双方运动员在直接淘汰赛第三局中出现了第一次或者第二次消极比赛的情况，裁判员立即分别判罚双方运动员黄牌或红牌警告。运动员在进入最后一分钟比赛前，先抽签确定优先裁判权。在这一分钟内，双方必须打满时间，并且要决出胜负，如果在一分钟结束时，比分出现平局的情况，有优先权的一方获胜。

团体赛

如果在相遇过程中出现第一次消极比赛，裁判员应该立即给参加比赛的双方黄牌警告，并直接进入下一场接力赛。

如果在相遇过程中出现了第二次消极比赛，裁判员应该立即给参加比赛的双方红牌警告，并直接进入下一场接力赛。

如果在相遇过程中出现了第三次消极比赛，裁判员应该立即取消双方的比赛资格（黑牌警告），取消双方在本届比赛中余下比赛的参赛资格，并且取消参加下一届国际剑联举办的相关剑种的正式比赛的参赛资格。

其中，如果比赛在相遇的第九场接力赛中，出现了第一次或者第二次消极比赛时，裁判员立即给予双方黄牌或红牌警告。在进入最后一分钟比赛前，先抽签确定优先裁判权。在这一分钟内，双方必须打满时间，并且要决出胜负，如果在一分钟结束时，比分出现平局的情况，有优先权的一方获胜。

评分标准

使用无线频率探测器计算有效点击数是从 2004 年悉尼奥运会开始使用的，它取代了之前流行使用了半个世纪的电子仪器，尽管如此，击剑比赛不同剑种的比赛存在一定通用的比赛规则之外，在得分获胜的规则上还会有一定差异。

得分规定

使用重剑、花剑、佩剑击中，就是用剑尖刺击对手，使剑尖清楚地、准确无误地刺在有效部位并具有刺入的性质。到达对手身体的任何部位的击中，都是有形的、实体的、实质性的击中。为了使之成为有效的击中并得分，落点必须在有关剑种规定的有效部位内。

重剑

重剑是完全刺击武器。只有剑尖击中有效，剑身横击无效。击中有效部位包括全身即：躯干、腿脚、手及臂以及面罩。

与花剑及佩剑不同，重剑每次击中都有效。两位选手的剑尖分别装有红光和绿光探测器，击中发生时，剑尖会产生一束强光。若双方在四分之一秒内相互击中，双方各得一分，裁判器应同时显红色和绿色信

号；超过二十分之一秒击中裁判器只显示一次击中信号（红色或绿色）。重剑比赛中最容易被击中的部位是手，所以，重剑比赛需高度准确性，攻击对方的好机会常常是当对方开始攻击的时候。

花剑

花剑是完全的刺击武器。只有剑尖刺中才有效，剑杆横击无效。有效击中部位是上身。击中有效部位由金属衣裹覆，这样，电子仪器便可以分出有效和无效击中。

重剑

花剑比赛也讲究击中优先权。先攻击而击中者得分。被攻击者须先做出有效抵挡动作后再进攻击中才有效，双方同时发起进攻相互击中均不得分，对于击中有效部位，裁判器一侧显示红色信号，另一侧显示绿色信号。当击中无效部位时，两侧信号均为白色。当运动员剑的不绝缘部分接触到导电背心的时候，裁判器显示黄色信号。在此情况下，击中优先权很难区分，如有时剑触及手臂，在花剑中是无效部位。

佩剑

佩剑是既劈又刺的武器。在实战中，以劈中得分为多。击中有效部位是上身、头盔及手臂。击中有效部位由金属衣裹覆，这样，电子仪器便可以分出有效和无效击中。

花剑

佩剑比赛也讲究优先权。先攻击并击中者得分。被攻击者须先做出有效防御动作后再进攻击中才有效，双方同时击中均不得分。佩剑速度最快，用的时间往往也最短。如果电子仪器显示一位队员得分，裁判会当即中止比赛，双方队员预备后继续进行比赛。

平局情况

在九分钟内，如果双方平分，那么将加赛一分钟，使用突然死亡法。为了防止双方过分防守，加赛前抽签决定如果加时赛中双方都未得分，那谁会是胜者。

佩剑

持剑方法

（1）比赛时，只能一只手持剑。除非因手或臂受伤经过主裁判同意后可以换手，否则在一场比赛结束前不准换手。持剑手可以自由地握住剑柄，并随意改变手的位置，但持剑手不得离开剑柄，进攻时不得在剑柄上滑动，也不得用抛掷的方法进行攻击。

（2）禁止使用不持剑的手或臂进行防守、攻击或抓握电动器械、设备，花剑比赛中还禁止用不持剑的手遮盖或保护有效部位。

器材规则

在击剑比赛中，所有武器和装备须符合器材规则的规定。

国内厂家生产的击剑设备必须是经过中国击剑协会检验、审核并批准后方可在比赛中使用。国外厂家生产的器材必须有国际剑联的检验标志。对国内器材厂家的报批手续按照中国击剑协会下发的《击剑器材审批办法》执行。

所有剑种的共同特点

击剑运动中有三个剑种：花剑、重剑和佩剑；

所有剑种的武器只有在符合本规则和所附的安全准则的条件下，才被准许使用；

武器的构成，目前是在正常情况下不能击伤自己和对手。禁止通过磨、锉或其他方式对护手盘和剑头之间的剑身部分进行任何矫正。禁止将剑头磨利。

任何武器均由以下几个部分组成

一个柔韧的钢制剑身。最前端是剑头，最后端是柄芯（当武器装配好后柄芯插在手柄内）。

一个手柄。柄芯被螺母扣紧或其他方法固定在手柄内，以使运动员用手抓住武器。手柄可以由一个或数个部件构成。当由数个部件构成时，可分解为柄颈（手握的地方）和平衡锤（把柄颈紧固在柄芯上的手柄后面部分）。一个金属护手盘。固定在剑身和手柄之间，其凸起部分朝前，用于保护持剑手。花剑和重剑的护手盘必须安装一个软垫作为缓冲设备。另外，护手盘内还须装一个用于连接手线的插座。

规则

剑身的长度包括剑头、护手盘前面的附加部分，无论该部件是否固定在护手盘上。

武器在总长度是其各部分之和，等于垂直于武器的各平行面间的长度和。这些平面位于：

a. 武器的最前端。

b. 护手盘的凸面剑身连接处。

c. 护手盘的后端。

d. 柄颈和平衡锤之间。

e. 手柄的末端。

武器的总长度为 a 和 e 平面间的距离；剑身的长度为 a 和 b 之间的距离；手柄长度为 b 和 e 之间的距离；护手盘深度为 b 和 c 之间的距离。护手盘深度为 b 和 c 的距离。

武器的最大总长度短于剑身和手柄最大准许长度的和，因此这两部分长度互补之和形成武器的总长度。

为测量武器的总长度或剑身长度，剑身不得弯曲；在测量时，剑身应放在一个平面上并保持平直。

在 d 与 e 之间只能有平衡锤或扣紧螺母。

手柄

在花剑和重剑中，手柄的最大长度为 b、e 平面间的距离为 18 厘米，b 和 d 间的距离为 20 厘米。在佩剑中手柄的最大长度为 17 厘米。

手柄应该能穿过通过护手盘的量规。手柄的构成方式，目的是在正常情况下不能伤害自身和对手。

符合规则的手柄形式都可以使用，规则的目的是平等地对待各个不同的剑种。总之，在重剑中，金属枪柄或其他形状的手柄都不能覆盖皮革或其他可能遮盖导线或插座的材料。

手柄的各部件不得包含利于把武器当做投射武器使用的装置。

手柄的各部位不得增强护手盘对剑手或手腕的保护作用。禁止十字形柄的横臂或插头越出护手盘。

如果手柄（或手套）包括一种可将手固定在手柄上的装置、系扣用品或专用产品（矫形），这种手柄应符合以下两个条件：a、手必须固定在手柄的唯一位置；b、当握住此位置时，拇指伸直，指尖距离护手盘内侧的距离不得大于 2 厘米。

护手盘

护手盘的凸面表面光滑，稍有光亮，不能卡住对手的剑，也不能阻滞对手剑尖。护手盘的边缘不能翻卷。

a. 在花剑和重剑中，护手盘内部必须装有一个足够大的软垫，用以保护运动员的手线。垫料厚度小于 2 厘米，其放置方式不得增加护手盘对手的保护作用。

b. 插座的安装应使运动员在比赛中不能折断或断开接触。

c. 在花剑中，导线被一个绝缘套保护。

d. 在重剑中，两根导线被两个绝缘套分开保护。

e. 导线和绝缘套接到固定接线柱时的长度要几乎是一样的。

f. 在任何情况下，非绝缘的线不能越出固定接线柱。

在护手盘内部，联络方式自由灵活，但须符合以下条件：

a. 易于拆卸和安装。

b. 能够借助简单工具进行检查，如小折刀或硬币。

c. 便于对手的剑尖接触于地线的部分。

d. 配有防止比赛中插头断开的安全装置；如果不含有这样的安全装置，则手线必选安装这样的装置。

e. 保证电路的触点正常，在电路保持联通时，绝不允许中断。

f. 不能包括可使各部分形成回路的部件。

g. 花剑和重剑的电阻最大为 2 欧姆。

h. 安装电动武器时，即使不具备电路检查手段，任然发现只要是稍加注意就可以成功安装完成，因为各剑种的电阻选择已经考虑了这一点。

i. 安装时注意：护手盘的外表面及内部接触面须脱氧；不要损坏导

线外部的绝缘体,尤其在导线经过剑身的凹槽进入剑头和护手盘的位置;避免剑身凹槽里堆积胶水。

j. 花剑和重剑中,只有传统和得到认证的剑头才能被接受。其他任何剑头,包括新款没有被认证的剑头都是不能被检查通过的。

为了便于识别,记住只有一种传统剑头,它包含两个固定剑头按钮和底座的螺丝,整个底座都是金属的,没有任何塑料成分。为了便于器材检查以及全面观察剑头及其底座,请花剑运动员检查武器时,整个剑头都要裸露在外面,不要在剑头部分15厘米的范围缠绕胶带。

k. 为了使剑头刺中对手时接通的电路正确地传输给裁判显示器,剑头必须是干净的,欧姆表检测出来的电阻值不能超过2欧姆。

l. 花剑和重剑的剑身及护手盘,以及佩剑的手柄及护手盘都必须是金属的。除了佩剑护手盘平衡锤一边是孤立的(孤立的套子),它的外部不能再被任何材料(塑料或其他)覆盖。佩剑的护手盘不能再带有任何广告,同样包括佩剑护手盘孤立的部分。

m. 剑手或其他人打算通过不符合规定的方式来获取比分,不论是在武器还是在裁判器上做手脚,将不允许参加比赛或地区比赛,一经证实,将会受到补充处罚。

轮椅击剑

轮椅击剑运动是根据下肢残疾运动员(包括截肢,脊髓灰质炎,脑瘫和截瘫)的特点而专门设计的一项运动。对于观众来说,轮椅击剑运动最让他们感到与众不同的,就是比赛双方运动员的轮椅都固定在可调节轨道的框架上进行比赛。然而,尽管坐在这样的轮椅上,运动员只能自由移动他们身体的上半部分,但他们出剑的速度并不比健全运动员

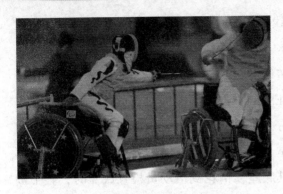

慢，甚至要更快。

轮椅击剑规则

由于将轮椅固定在比赛场地上的技术不断改进，轮椅击剑项目的比赛规则也相应不断地进行了适应性修改。

轮椅击剑比赛中

主要规则如下：

（1）运动员之间的距离，以手臂较短的运动员持剑抬平手臂，剑尖触及对方肘部的距离为准（花剑其剑头应触到对方小臂内侧）。并且，经双方运动员同意，选手之间的距离一旦确定，就不得再做改动。

（2）比赛中，双方选手的轮椅不得移动；运动员的臀部不能离开轮椅，双脚必须在踏板上保持固定，运动员的脚利用地面取得有利条件则为犯规。

（3）如果运动员失去平衡，或改变了坐姿，或轮椅松动，或触地夹子脱离，裁判员都应立即停止比赛。

（4）轮椅击剑比赛为了减少击剑框架的调整时间，经常使用每场比赛后让一位运动员留在场上的编排顺序，尽量要保证足够的工作人员能让运动员尽快上、下击剑框架。

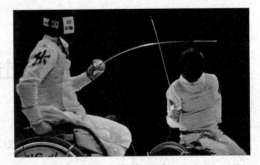

轮椅击剑双方对峙

（5）在比赛中，击中有效部位也会因功能分级的不同而有所不同，A级为腿部以上部位，B级为腰部以上部位。

（6）主要的竞赛规则与健全人击剑比赛规则相似。运动员的身上装有感应线，与一个信号盒相连，这个信号盒能够记录剑触击的情况。击剑手每次击中对手有效的目标区，都会获得一个有效分。

（7）在正式比赛开始之前，国际轮椅击剑委员会授权的分级专家认真地对每一位运动员进行检查、测试，确定其功能等级。运动员必须严格遵守分级规定，不能够参加超过自己级别的比赛。B 级的击剑运动员可以参加 A 级的比赛，必须在注册时说明情况，并且在这次比赛的整个过程中只能参加 A 级的比赛。没有按照规定参加属于自己级别比赛的运动员，不能够获得任何排名积分。

（8）在任何一次比赛中，选手都不能同时报名参加两个以上剑种的比赛，包括个人赛和团体赛。

运动员分级

凡是使用轮椅的运动员都可以参加轮椅击剑的比赛，包括：截肢、截瘫、脑瘫运动员。从 1988 年汉城残奥会开始，引入并开始使用一套新的轮椅击剑运动员功能分级系统。

1987 年在 Glasgow 举行的欧洲轮椅击剑锦标赛上，德国人 Rita Stro-hm 首先提出了这一新的分级系统的提案，稍后做了部分修改便形成了最后在汉城残奥会上出现的版本。这一新的功能分级系统充分考虑到了各种影响因素，从而使得不同种类残疾（截肢、脊髓灰质炎、脑瘫和截瘫）运动员有机会共同参加比赛。

功能测试（在轮椅上进行）包括对伸展能力的评估、向不同方向的胸部侧倾能力（持剑或不持剑的情况下）的测量。被测试的动作是重复比赛中的技术动作，如：手持剑的时候突然的身体侧倾，伴随肘部伸展，胸部的快速回位（或向相反方向的倾斜）。

据此来评定在测试中的得分，这些测试的目的是为了避免运动员在比赛中被对手击伤。测试中得分情况如下：

0 分——完全不具备身体功能，不能实施技术动作。

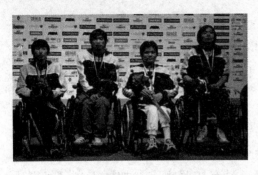

中国获得男子花剑团体金牌

1分——非常差的动作执行能力，能够进行最小幅度的活动。

2分——比较弱的动作执行能力，能够进行中等幅度的活动。

3分——正常的动作执行能力。

测试1：上身伸展能力

包括对背部肌肉组织伸展能力的评估：被测试人坐在轮椅上，先使其处于前倾的状态，而后让其通过收缩背部的肌肉和保持上肢的平衡努力回到正直的坐姿。

测试2：侧平衡能力

将被测试者的上肢固定，测量其侧平衡控制能力：被测试者弯曲自己的躯干，向左和向右最大限度的倾斜，直到其失去平衡。这样，就可以评估出其躯干侧面肌肉的功能和腹部侧面肌肉的功能。

测试3：腹部伸展能力

与测试1相似，对躯干的伸展能力进行评估，但侧重点主要是腹部肌肉的能力。测试中，要求被测试者将两手置于颈后，这样就可以排除上肢运动带来的惯性作用和躯干背部肌肉能力的辅助。

测试4：持剑的侧平衡能力

与测试2相似，但是测量起来更为困难，因为在测量过程中，被测试者必须手持剑，剑的重量会明显地降低其在身体侧倾过程中保持平衡的能力。

非常重要的一点是，在进行测试2和测试4的过程中，被测试者的上肢（与被测试者身体移动的方向相反）既不能抓握轮椅，也不能依靠手扶轮圈和轮椅扶手，以保证测量结果的有效性。

对于一位脊椎损伤（截瘫或脊髓灰质炎）运动员来说，根据国际轮椅体育运动联合会（ISMWSF）和国际残疾人体育组织（ISOD）的规定，其肌肉力量测试的评分在 0 ~ 5 之间。国际轮椅体育运动联合会（ISMWSF）额外增加的测试项目有：肩部测试、大拇指力量测试、臀部和膝盖的转动能力测试、足部平伸能力测试。不包括手指的扩展能力测试。对于患有脑瘫、肌肉张力障碍或手足徐动症的运动员来说，根据以下活动控制能力对其进行评分：

1 分——不具备运动功能，不具有或具有最小程度的运动协调能力；

2 分——仅仅能够非常缓慢并非常困难地完成一些连续性动作。如果快速重复某个动作，则其运动幅度最大不超过正常值的 25%；

3 分——同上。如果快速重复某个动作，则其运动幅度最大不超过正常值的 50%；

4 分——轻微的运动不协调和（或）运动幅度最大不超过正常值的 75%；

5 分——正常的运动协调能力。在完成分析评估和功能测试之后，就要根据以下标准进行功能分级：

1A 级——运动员持剑手使用不利，坐立时不能保持平衡。不具备有效地克服重力的肘部伸展力，手部没有残留功能，从而不能通过绷带将剑固定在手上。这一功能级别与原有的 ISMGF 中的 1A 级相当，介于脊椎损伤的 C5 和 C6 级之间。

1B 级——运动员坐立时不能保持平衡，并且持剑手有障碍。具有肘部伸展功能，但手指无灵活性，必须使用绷带将剑固定在手上。此级别相当于完全的瘫痪中的 C7/C8 级或不完全损伤的更高级别。

2 级——运动员具有中等的坐立平衡能力，持剑手正常。相当于截瘫类的 D1 ~ D9 级（功能测试 1 和功能测试 2 总得分不超过 4 分），或不完全的瘫痪（持剑手有最小限度的障碍，坐立平衡能力良好）。

3 级——运动员具有良好的坐立平衡能力，无腿部支撑，持剑手正常。如：截瘫中的 D10 至 L2 级（较为理想的功能测试 1 和功能测试 2：得分为 5 ~ 9 之间）。运动员为双腿膝盖以上截肢（有小部分残肢），或 D10 级以上的不完全损伤，或其他类似的残疾情况也可以包括在这一级别中，但必须提供证据证明腿部能帮助运动员保持坐立平衡。

4 级——运动员具有良好的坐立平衡能力，有下肢支撑，持剑手正常。如：L4 级以下的损伤或其他类似的残疾情况（测试 3 和测试 4 评估得分最低为 5 分）。

最低程度的损伤——与膝盖以下截肢相当的下肢残疾。

在运动员由于脑部损伤导致残疾或有其他疑点的情况下，必须观察运动员进行击剑活动时的情况，以完成评估。让运动员亲自参与到分级工作程序中是最重要的，实际上分级委员会在职责范围内已经采取了让运动员对分级结果签名认定这样的措施。

分级：根据运动能力损失程度不同，参赛运动员被分为 A、B 两个级别：

0A 级：上述 3 级和 4 级；

B 级：上述 2 级和上述 1A 和 1B 级。

PART 5 场地设施

奥运会击剑比赛场地设施

　　击剑运动的形式多种多样，具有很强的观赏性和竞技性，对场地、器材和装备都有很高的要求。高质量的场地是击剑运动开展的前提，而良好的器材和装备是运动参与者高水平发挥的必要保证。

场地规格

　　击剑场地呈长方形，长度 14 米，宽度 1.8～2 米，高度 0.3～0.5 米，两端各有 1.5～2 米的延伸部分，后面还应有一定长度的坡道。场地旁边设有裁判器。

　　击剑比赛是在室内举行，场地应平整、无坡度、剑道光线明亮，观众席尽量光线暗淡。

　　每名击剑者身上都有一条电线，连接至剑道每条短边上的卷轴。每条电线都缠绕在卷轴上，每个卷轴则连接到记分机上。记分机就在靠近剑道长边中点的桌子上。记分机有 4 个灯，每名击剑者各有一个白灯和彩灯。

　　剑道的另一条长边上是裁判长。裁判长要确保所有装备都安全，监督击剑回合，开始和暂停、监测和详述击剑动作，并给分和处罚犯规动作。一个击剑回合的实际击剑时间为 6 分钟，一名选手得 5 分或时间用完后则该回合结束。如果该回合是平局，则不计时间继续比赛，直到一名选手获决胜分为止。

击剑积分器

器材

击剑运动的器材种类繁多，主要包括重剑、花剑和佩剑等。

重剑

重剑是击剑运动器械之一。由剑柄、剑身和护手盘组成，剑长 110 厘米，重量不超过 770 克。剑身为钢制，长为 90 厘米，横断面为三棱形，弯曲角度最大为 1 厘米。剑头直径约为 8 毫米，长度为 1.5 厘米左右。剑柄长度不超过 20 厘米。护手盘为圆形，深度为 3~5.5 厘米，直径最大为 13.5 厘米，偏心度最大为 3.5 厘米。

重剑

剑尖特殊，带刺，很容易固定所刺位置；剑身部分与花剑一样。

重剑在击剑世界里，被誉为"王者之剑"，因它是各种剑式的"始祖"，远古年代，欧洲贵族和骑士主要用重剑作绅士决斗。仔细观察剑身的横截面为三棱形，三条凹槽是传说中的"血槽"，即搏斗时被剑尖刺中对手后，对手的血会顺"血槽"而流，直到护手盘，胜利者则以鲜血证明自己的胜利。发展到现代，"血槽"的价值已经不存在了。

花剑

花剑全长 110 厘米，重量不超过 500 克。剑身为钢制，长为 90 厘米，横断面为长方形，护手盘最大直径为 12 厘米，弯曲角度应小于 1 厘米。剑柄长度不超过 20 厘米。护手为圆形，装于剑身与剑柄之间，直径不超过 12 厘米，禁止偏心。有电动花剑和普通花剑之分。前者剑身前端包有 15 厘米的绝缘物，剑柄与剑身、护手盘绝缘；后者剑头直径在 5.5 ~ 7 毫米之间，长约 1.5 厘米。佩剑在 1973 年前曾使用"花式剑"的译名。

花剑由螺旋锤、剑柄、护手盘和剑四部分构成；剑身由上而下硬度逐渐减弱；螺旋锤、剑柄、剑身和护手盘均由白钢制成。

花剑

佩剑

由剑柄、剑身、护手盘组成，最长 105 厘米，重量不超过 500 克。剑身为钢制，最长不超过 88 厘米，横断面为梯形，弯曲角度应小于 4 厘米。剑柄长度不超过 17 厘米。护手盘为月牙盘，大小以能沿对角线放进 15×14 厘米长方形的检验筒中为准。剑尖为圆形，没有弹簧头，佩剑即可刺又可劈，这是与花剑、重剑最大的区别。

佩剑

服装

面罩

运动员在比赛中必须戴由金属网制成的面罩，网眼长度不超过 2 毫米，并能承受 160 公斤重的冲击力，布质的护颈要下伸到锁骨，以保证运动员头颈部的安全。

花剑新护颈面罩（传导护颈）于 2009 年 1 月 1 日开始在全国成年

比赛中使用，从 2009 年 10 月 1 日起在全国青年、少年、儿童比赛中使用。

传导护颈的有效位置：下颌以下 1.5 ~ 2 厘米处水平线的以下部位，但无论什么情况水平线都不能低于肩部。

护颈和金属衣通过含有两

面罩

个鳄鱼夹的面罩线连接，金属线最长 40 ~ 45 厘米，在卷曲情况下，金属线须在其余位置最大可保留 25 厘米的长度。金属线必须是白色或透明的银色，其他颜色不允许。

击剑服

击剑服有保护作用，由质地结实的高级合成面料制成。一般是上身为紧身式白色上衣；下身为白色紧腿裤。它可以抗 80 公斤的冲击力，其强度足以抵挡剑的刺劈。运动员还要穿上防保内衣，女子在上衣内还要穿一件由金属或其他硬质材料制成的护胸。短击剑裤必须长及膝盖以下，并被紧紧固定，而且还要穿一双长袜。此外，重剑选手常穿长上衣；花剑与佩剑选手常穿短上衣；花剑和佩剑运动员最外层还要穿一件为有效部位的金属衣。

击剑整体装备

金属衣

金属衣是由极细的金属丝（通常是铜或银）与人造纤维合织而成的导电布制成，由于含金属成分，穿起来金光闪闪。击剑运动是利用电审器来显示是否击中有效部位，为了接受击中信号，金属衣上必须带有导电物质。

花剑金属衣有效部位除去四肢和头部。限于躯干，向上至衣领顶端、直至锁骨顶端以上 6 厘米处为止；侧面至袖子缝线，应经过肱骨尖端；向下沿脊背上一条水平走向的线，经过胯骨顶端，并由此通过一条直线，在腹股沟折皱处的连接点相交。

佩剑金属衣与花剑金属衣的最大区别就是佩剑金属衣有袖子，花剑金属衣没有。重剑没有金属衣，只有重剑保护衣。

袖（裤）标

2001 年中国击剑协会要求各参赛队在全国比赛中佩戴袖（裤）标，在比赛中起到了一定的识别作用。由于在实际比赛中各队的袖（裤）标形式多样，佩戴方法也不一致，在一定程

花剑金属衣

度上影响了比赛的美观与整体性，为此，自 2009 年开始在全国击剑比赛中取消使用袖（裤）标。

运动员后背姓名

击剑比赛所穿服装后背必须印制有本人姓名拼音及国籍英文缩写。

姓名拼音：

根据国际剑联最新规则和国家体育总局体外字（2007）316 号文件规定，姓名汉语拼音规范如下：姓在前，名在后；姓和名分写（空 1 格），姓和名的字母高为 8～10 厘米，线条宽度为 1～1.5 厘米（根据姓名长度决定），字母必须为大写，字体为 Arial Black，字体颜色必须为

佩剑金属衣

海蓝色。

如 LI HUA（李华）、WANG JIAN-GUO（王建国）。姓名尽量使用全称，如果译名过长确须缩写，则姓用全称，名用缩写（名的缩写字母后用"."表示，之间不再空格），如：LI H.（李华）WANG J. G.（王建国）ZHANG Z. Y.（张朝阳）OUYANG Q. J.（欧阳琦君）。

国籍写法：

国籍英文缩写为 CHN，在姓名拼音正下方，字母高度、宽度、颜色等要求同姓名拼音规范，姓名拼音和国籍英文的行间距为"单倍行距"。例如：

ZHANG Z. Y.

CHN

（颜色模式：R1/G106/B171）

裁判器、连线、拖线盘

比赛时，双方运动员击剑服内有手线并与拖线盘内的电线和裁判器相连，并形成一环行电路。当一方击中有效部位，并且剑尖达到有效压力时，裁判器的灯就会显示击中信号。

保护装备

带衬垫的长袖白夹克：夹克紧身、高领、胸部带衬垫，在不拿剑的手一侧系紧。它通常延伸到腹股沟以下。

带衬垫的腋下保护物：位于持剑手臂的夹克之下。

带衬垫的圆形胸部保护物：女式夹克内的口袋中有这些保护物。

　　击剑手套：击剑手套是一种长筒皮质手套，用来保护手部。该手套覆盖半个前臂，手背上额外带衬垫，以保护持剑的手；另一只手不戴手套。

　　金属丝网面具：该面具保护头部和面部。它有一个带衬垫的护颈，包裹着颈部。此面具必须能承受 120 牛顿的压力。

　　白裤：白裤可以是小腿以上的短裤，搭配白色短袜，也可以是长达脚踝的裤子。

　　击剑鞋：击剑鞋的鞋底内有额外支撑（可选）。

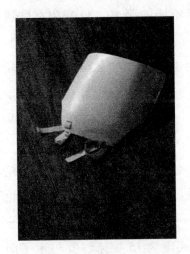

护胸

击剑鞋

残奥会轮椅击剑比赛
场地设施服装

轮椅击剑场地

（1）轮椅击剑场地，是一个带有固定轨道的矩形金属台，轮椅通过特殊的器械牢牢地固定在轨道上。

（2）轮椅与连接两个轨道框架的中心轴的夹角为110度。

（3）轮椅前轮的最前端要正好在中心线上，其他轮子也必须在击剑台之上。

（4）击剑台及轨道设计要易于调整，以适应不同手臂长度的运动员进行比赛。

（5）轨道设计要易于调整宽度，如果经过调整后，轮椅宽度仍然不适合轨道宽度，就必须更换轮椅。

（6）在比赛的一个回合中间，不能对轮椅的距离、角度和宽度进行调整。

（7）所有正式的轮椅击剑比赛使用的击剑台，都必须经过国际轮椅击剑委员会的验证。

轮椅

（1）轮椅是比赛装备的一部分，因此必须加以控制。参赛选手轮椅的椅背、座垫、框架、扶手和轮子都要贴上选手的参赛号码。制作轮椅的材料不能够太坚硬。

（2）选手坐在轮椅上时，椅背的最低高度为15厘米，并与水平面垂直。如果由于运动员特殊的身体状况，需要将椅背的角度进行调整，则必须经过赛事组织者和分级师讨论决定。

（3）持剑手臂一侧不允许安装轮椅扶手。

（4）选手坐在轮椅上时，非持剑手臂一侧的轮椅扶手的最低高度为10厘米。轮椅扶手必须正确安装，以保证绝对安全。

（5）轮椅必须完全绝缘或使用可拆卸的接地外罩。

（6）轮椅座垫不是必需的。若要使用座垫，则座垫大小必须与轮椅座位大小一致。座垫的厚度最大不能够超过10厘米，需要有一定的硬度，不能够倾斜，边缘必须是柔软的，并且能够对折。使用分级师认定的医用座垫要受到控制。

（7）轮椅高度从地面到扶手不能超过 53 厘米。

（8）座位宽度为运动员坐在轮椅中间时，每侧不能超过其臀部 3 厘米。

（9）轮椅轮子的规格必须符合正式的固定轨道的尺寸。

轮椅击剑

（10）允许用带子将运动员固定在轮椅上。

防护措施

选手的服装由防护夹克、面罩和手套组成。参加重剑比赛的运动员腿部必须用防护罩或防护裙保护起来，否则禁止上场参加比赛。

PART 6 项目术语

　　击剑起源于欧洲，由古代决斗演变而来。比赛时运动员穿戴击剑服装和护具，用一只手持剑在击剑场上互相刺击，身体有效部位被先击中的一方为被击中一剑。有多种进攻和防守技术，在规则允许的范围内可运用各种战术取胜。

　　比赛项目男子有花剑、佩剑、重剑，女子有花剑、重剑，都有个人赛和团体赛。团体赛每队 4 人。各种比赛一般前几轮采用循环赛，半决赛、决赛采用淘汰赛。循环赛以 6 分钟内先被击中 5 剑者为败，按成绩指数评定组内名次。淘汰赛男子以 10 分钟内被击中 10 剑者为败，女子 8 分钟内先被击中 8 剑者为败。男子花剑和佩剑从 1896 年第 1 届奥运会起被列为奥运会比赛项目，1900 年第 2 届奥运会增设重剑比赛项目。

　　弓步：弓步时，前腿弯曲，使大腿接近水平（大小腿成直角），后腿挺膝伸直。弓步进攻时应先伸出手臂，使剑尖威胁对方有效部位，然后上步向前攻击。其特点是上步速度快，回收方便，利于使用进攻技术。

　　无效部位：与有效部位相对，按击剑规则规定不准刺击或击中无效的身体部位。重剑无无效部位；佩剑的无效部位为运动员身体从腰部以下的部位；运动员的头、臂、腿等部位则是花剑的无效部位。

　　可疑剑：指比赛中有疑问的击中，由裁判员裁决。不同的剑种情况有异。在花剑、重剑比赛中，对是否击中有效部位或对电动裁判器发出的信号产生疑问均为可疑剑。重剑比赛由裁判员判决时，如一方判为可疑剑而另一方判为击中，则由后者选择互中或不做判决。佩剑比赛中，主裁判弃权、两角裁判意见不一致以及三人都弃权或无法统一意见，则作为可疑剑而论。

击剑时间：指完成一个简单动作的时间界限。是裁判员区别动作性质和分析双方交锋动作相互关系的重要依据。简单进攻只有一个击剑时间，复杂进攻由两个或两个以上击剑时间组成。

击剑线：击剑运动术语。击剑技术之一。指运动员伸直持剑臂而使肩、臂、剑成一直线，以剑尖在空中威胁对方身体的有效部位。也可作为抑制对方进攻的一种战术，即在花剑、佩剑比赛时，一方使用击剑线，另一方进攻则必须打开或躲开击剑线方能获得优先裁判权。

甩剑刺：也称"劈剑"，与劈的刺击动作类似。主要用于重剑和花剑技术中，具有角度大、速度快、对方难以防守、利于自己手臂回收连接其他动作等特点。但剑尖因动作幅度大而不易控制。

冲刺：指手臂前伸，用剑尖威胁对方有效部位，随之身体前倾，重心前移，后脚蹬地向前呈交叉步冲击。常用于重剑和佩剑的远距离进攻。

进攻动作：指主动进攻对方的技术动作。包括直接进攻、转移进攻、击打进攻、压剑进攻和交叉进攻等。直接进攻时，伸臂使剑直接攻击对方的有效部位。转移进攻，指伸臂用剑威胁对方有效部位，当对方防守反击时，将剑尖绕过对方剑的护手盘，攻击对方暴露的另一部位。击打进攻，是指用剑击打开对方的剑，再向其暴露部位攻击。压剑进攻，指用自己剑的强部位，按压对方剑的弱部位，并乘机攻击其暴露部位。交叉进攻，是指先伸臂威胁对方有效部位，接着又快速使剑绕过对方剑尖，攻向对方另一部位。

防守法：指击剑防守的方法。依靠步法后退的防守叫"距离防守"。在适当距离上，用剑来防守，称为"武器防守"。武器防守又有直接防守和划圆防守之分。花剑、重剑的基本防守姿势有八个，佩剑基本防守姿势有六个。

防守部位：指将有效部位划分成若干防守部位的命名法。传统分法是以实战姿势剑的护手盘为垂直线和水平线的中心，由下而上，由左至右分成1、2、3、4共四个部位。电动花剑又可分为上部位、下部位和内部位三个部位。佩剑可分为头部、胸部和肋部三个部位。

防守还击：指防守后立即向对方攻击的行动。

有效部位：指按规则规定允许刺击的身体部位，反之为无效部位。不同剑种的有效部位不同。花剑的有效部位是身体躯干；重剑的有效部位是全身；佩剑的有效部位则是身体腰部以上部分。

同时进攻：指比赛双方同时发动进攻并相互击中。重剑比赛双方在1/25秒内同时击中为互中。花剑和佩剑比赛中，对此不做判决。佩剑比赛中按优先裁判权规则来限制同时进攻。

连续进攻：指第一次进攻后，对方防守后退而未还击，进攻者又使用新的进攻动作。这种进攻形式主动、积极，并有优先裁判权。

延续进攻：指进攻被对手防守后手臂不收回而继续向前进攻对手，以达到以快制胜的目的。

非持剑手：指比赛中走动员用来平衡身体而不能配合持剑手做进攻和防御动作的没有持剑的手。花剑比赛中非持剑手属有效部位。在使用电动裁判器的比赛中，非持剑手不能接触电动器材和设备，否则为犯规。

实战姿势：击剑运动比赛的基本准备姿势。要求身体姿势便于移动、进攻和防御。不同剑种对其要求不同。佩剑上身比较正直；花剑则身体重心较低；重剑身体要站得较高，剑尖子直向前。防守型选手身体要比较正直；进攻型选手则身体前倾角应较大。

实战素养：击剑运动员应具备的素质休养，是衡量实战能力的重要因素。实战素养由剑感（武器感）、距离感、时机感、节奏感、空间感组成，可通过长期训练、比赛而逐步获得和提高。一切技战术可通过实战素养反映，而实战素养的高低又决定了技战术水平和竞技能力的高低。

空间感：又叫空间姿势感。击剑实战素养之一。指运动员对自己和对手的剑身、剑尖、剑刃以及身体各部位姿势相对空间位置的判断能力。

抽剑刺：多用于近战中。指在近距离交锋中双方的剑相互接触时迅速抽出自己的剑，再以有利角度向对方暴露部位刺击的技术方法。

重新进攻：是一种积极主动并有优先裁判权的进攻形式。指第一次进攻后回收成实战姿势再做新的进攻。

剑尖威胁和剑刃威胁：比赛中，一方的剑尖在空间对准另一方的有效部位称为剑尖威胁。是裁判员判断进攻动作的重要依据之一。佩剑比赛，劈的动作以剑和持剑臂成 135 度角则构成剑刃威胁。

剑感：指击剑运动员对剑在运用中的综合知觉。具有良好剑感的运动员，能在不同姿势和不同距离的情况下，根据思维活动有效地控制剑尖，以最快的速度、最近的路线、最有利的时机击中对方，并能控制对方剑的可能行动以及在与双方剑的接触中化不利为有利。

复杂进攻：指用两个或两个以上剑法同时完成的进攻动作。如击打交叉进攻、击打转移进攻以及各种简单进攻技术相互组合的进攻等。

第一姿势：用于佩剑比赛时保护胸侧和花剑、重剑比赛时保护第一部位。佩剑防守时，剑尖向斜下方，手心向前上方，手臂高与肩平，与地面平行。重剑防守时，剑尖向前下方，手心向斜下方。花剑、重剑的第一姿势是：手心向斜下方，剑尖向内前下方，小臂与地面平行，同肩高。

第二姿势：用于佩剑比赛时保护肋部和花剑、重剑比赛时保护第二部位。佩剑的第二姿势是：手心向外，使剑尖向外下方，屈臂，同肩平，与地面平行。花剑、重剑的第二姿势是：手心向斜下方偏外，剑尖向前外下方，手腕紧张，手臂弯曲。

第三姿势：用于佩剑比赛时保护肋侧和花剑、重剑比赛时保护第三部位。佩剑的第三姿势是：剑尖向上稍偏外，手心向前偏内手臂弯曲，小臂与地面平行，与腰同高。花剑、重剑的第三姿势是：剑尖向外上方，手心向前偏下，手臂弯曲，小臂与地面平行，与腰同高。

第四姿势：用于佩剑比赛时保护胸侧和花剑、重剑比赛时保护第四部位。佩剑的第四姿势是：剑尖向上稍偏内，手心向内偏后，手臂弯曲，小臂与地面平行，与腰同高。花剑、重剑的第四姿势是：剑尖向上方，手心偏向内，手臂弯曲，小臂与地面平行，与腰同高。

第五姿势：用于佩剑比赛时保护头部和花剑、重剑比赛时保护第四部位。佩剑的第五姿势是：剑尖偏上向内，使剑身在头部前上方，上臂弯曲，手心向前并高举。花剑和重剑的第五姿势是：剑尖向前上方偏内，手心向下，手臂弯曲，小臂与地面平行，与腰同高。

第六姿势：用于佩剑比赛时保护头部和花剑、重剑比赛时保护第三部位。佩剑的第六姿势是：剑尖向外偏上，手心向后，手臂弯曲，小臂在头部内侧，使剑身在头前上方。花剑、重剑的第六姿势是：手心向内上方，手臂弯曲，手腕稍上抬，略高于肩，使剑尖向前上方稍偏外。

第七姿势：用于花剑和重剑比赛时保护第二部位（参见"防守部位"）。其姿势是：手心斜向上方，手臂稍弯曲，手腕同胸高，使剑尖向前下方。

第八姿势：用于花剑、重剑比赛时保护第二部位（参见"防守部位"）。其姿势是：手心斜向上方，手臂稍屈，手腕同腰高，使剑尖向前下方。

距离感：指运动员对攻守距离的判断能力。正确判断对手的进攻距离和自己的后退距离，并根据具体情况及时调整和采取相应步法，避免被对手击中和有利于击中对手。

假动作：指用剑、身体动作或步法来欺骗对手的动作，属战术行动的一部分，并与战术运用成功与否有直接的联系。假动作可用来诱使对方进入自己的战术圈套，为自己创造有利的进攻时机，假动作的成功运用要求做到真假难分。

雅尔纳克击法：指加大深度劈向对手的击剑方法。1547 年 7 月 10 日，雅尔纳克男爵和拉复泰涅雷领主在圣日尔曼昂莱进行了一场决斗。决斗中，雅尔纳克用加大深度劈向对手的方法击中了拉复泰涅雷。这种击法被后人称为著名的雅尔纳克击法。

奥运会击剑比赛：在 1896 年第 1 届奥运会上，击剑被列为正式比赛项目。当时只设男子个人花剑和佩剑两种，职业运动员单列一个组比赛。第 2 届、第 3 届奥运会分别增设了重剑和团体比赛两个项目。女子花剑在 1924 年第 8 届奥运会上被列为正式比赛项目。现在的国际击剑比赛规定了男子花剑、佩剑和重剑、女子花剑等剑种。每个剑种都有个人赛和团体赛。个人赛采用循环赛、淘汰赛或两种方法结合进行，团体赛采用每队 4 人的队际循环赛，以得分多者为胜。

简单进攻：指用一个击剑时间完成的进攻动作。如交叉进攻、直刺进攻、击打直刺进攻、一次转移进攻等。

劈：击剑的基本方法之一。基本手法有直劈、斜劈、反手劈等，握剑手手心向内、手背朝身体外侧（与水平面垂直），伸臂，剑刃向下，用手腕、手指力量控制剑向对方头顶劈去。斜劈时，手腕外翻握剑，伸臂，剑刃对准对方胸部，用剑尖斜向下劈。反手劈时，伸臂，手心向下握剑，用剑刃向对方肋部劈去。

击剑比赛项目：比赛共有 10 个项目。男子项目有花剑个人赛、团体赛；佩剑个人赛、团体赛；重剑个人赛、团体赛。女子项目有花剑个人赛、团体赛；重剑个人赛、团体赛。

击剑比赛顺序：一般顺序为：男子花剑，女子花剑，男子佩剑，男子重剑，女子重剑。先进行个人赛，再进行团体赛。组织者可根据场地、器材、裁判等情况做适当变化。

击剑场：击剑场一般用土、木、橡胶、金属网或以金属为基础的材料制成，宽 1.8~2 米，长度随不同的剑种而异，要求平整。通用场地长 14 米，花剑场地 14 米长，重剑、佩剑场地长为 18 米。场地设有边线、端线、警告线、开始线和中线，两端有 1.5 ~ 2 米的延伸部分。比赛使用电动裁判器时，场地表面铺设金属网，当剑击中场地时不会产生混淆判决的电讯号。比赛时常用击剑台，低台高约 10 厘米，决赛台高 30 ~ 50 厘米，台两端有斜坡。

击剑服装：包括外衣、内衣、护胸、金属背心、裤、鞋、袜、手套等，其颜色全部为白色。衣裤用棉布或尼龙织物做成。外衣为高领长袖紧身服，内衣无领短袖，可保护持剑手一侧身体。护胸为女运动员用品，由塑料或硬质皮革做成。金属背心在花剑比赛中加穿在运动员衣外，衬有绝缘布，属刺击的有效部位。裤长至膝盖下，紧扣。鞋可保护脚跟和脚内侧，有专用击剑鞋，也可用底较软的球鞋。袜为长筒，固定于膝下。手套为羊皮或轻而薄的牛皮制品，有吸收手部汗水而易于稳定剑和保护手腕、手背安全的作用。

击剑外接显示灯：又叫"重复灯"。是与电动裁判器上显示灯颜色顺序相同的灯。正式比赛时，为使裁判员、运动员、观众能清楚看到双方被击中的灯的信号，必须使用外接显示灯。此灯高于场地 1.8 米左右，由红、白和绿、白两组灯构成，两组灯之间的距离不小于 5 厘米。同一组两灯间间距不超过 15 厘米。

击剑报分灯：用数字灯或灯光数目来表示运动员被击中的剑数的设备。该设备上附有表示运动员犯规的警告灯。淘汰赛时警告灯则用以表示被击中 5 剑的记数灯。

击剑面罩：法国人拉·布亚西里于 1776 年发明的、由金属丝编织成网状、用来保护运动员的面部和颈部的器具。罩内有护圈、固定装置和护颈。网眼以能承受 7 公斤压力而不变形为原则。

击剑袖线：是从运动员背后拖线盘插座通过运动员外衣、自袖口穿出而与电动剑相连接的电线。

花剑：有两种含义：1. 击剑运动器械之一。由剑身、剑柄和护手盘组成。全长在 110 厘米以内，重量不超过 500 克。剑身为钢制，长不超过 90 厘米，横截面为长方形。剑柄长在 20 厘米以内。护手盘为圆形，直径不超过 12 厘米。花剑分电动花剑和普通花剑两种，前者剑身前端包有 15 厘米长的绝缘物，剑身、剑柄与护手盘绝缘；后者剑头长约 1.5 厘米，直径 5.5～7 毫米不等。2. 击剑运动比赛项目之一，分男子和女子两种。都有个人赛和团体赛。因花剑比较轻巧，有效击中面积小，故对战术、技巧十分讲究。比赛时只准刺对方身体有效部位，不准劈打。正式比赛使用电动花剑，运动员穿金属背心，当击中金属背心时，电动裁判器显示彩灯，而击中其他部位则显示白灯。互相击中时主裁判按优先裁判权原则来判决。双方同时进攻并同时击中（或一方击中）无效部位则不做判决而比赛继续进行。

花剑的使用法：花剑比赛时，只准用剑尖刺对方的有效部位，合格的电动剑头承受的压力必须超过 500 克，才能使裁判器发出信号；普通剑必须清晰、明显地刺中。使用电动剑比赛时，运动员穿金属衣，刺中有效部位时，裁判器上显示红（绿）色灯，刺中无效部位时显示白色灯。如一方先被刺中无效部位，随即又被刺中有效部位，同侧裁判器显示白、红（或白、绿）两灯，应判为刺中无效。先刺中有效部位，再刺中无效部位，裁判器只显示红（或绿）色灯，则判为有效。

佩剑：有两种含义：1. 击剑运动器械之一。由剑身、剑柄和护手盘组成。全长不超过 105 厘米，重量低于 500 克。剑身为钢制，长不超过 88 厘米，有刃和背，横截面为梯形。剑柄长不超过 17 厘米。护手盘圆形，以能放进横截面为 15 厘米 ×14 厘米、高 15 厘米的验剑架中为限（沿对角线放）。2. 击剑运动比赛项目之一。男子项目分个人赛和团体赛。有效部位为腰部以上身体（包括头部和上肢）。比赛时可劈打和刺。不使用电动裁判器，由 5 名裁判员组成裁判组进行判决。因为动作幅度大、进击速度快、威胁较强，所以对运动员的灵活性和应变能力等有较高的要求。

佩剑比赛的有效击中：佩剑比赛中，可以用剑尖刺，也可以用整个剑刃、剑背的前三分之一或扁平部分直接、明显地劈中对方的有效部位。在清楚地用剑劈中了对方有效部位的同时，又接触了对方的剑，劈中有效。

重剑：有两种含义：1. 击剑运动器械之一。包括剑身、剑柄和护手盘三个部分。全长不超过 110 厘米，重量不超过 770 克。剑身为钢制，长不超过 90 厘米，三棱形横截面每个面最大宽度 2.4 毫米。剑柄长不超过 20 厘米。护手盘呈圆形，深度 3～3.5 厘米。2. 击剑运动比赛项目之一。有男子重剑和女子重剑之分，都有个人赛和团体赛。只准刺而不准劈打，有效部位是全身。在击剑运动项目中最早采用电动裁判器。双方在 1/25 秒内同时击中为互击，一方超过 1/25 秒后击中，电动裁判器只显示先被击中一方的灯光。以一剑击中决出胜负。因有效部位大且无优先裁判权规则，故运动员在比赛时必须谨慎，准确把握时机。

重剑的使用：只能用剑尖刺对方的有效部位，正式比赛应用电动器械。合格的电动剑要使裁判器显示信号，剑头弹簧承受的压力必须大于750 克。击中时，裁判器只显示红色或绿色的灯，只有在 1/25 秒到 1/2。秒的时间内相互击中时，两侧裁判器才同时显示出信号。若先后刺中的时间差额超过 1/20 秒，则只有一侧显示信号。

击剑时间：完成一个简单动作所需要的时间。

线：用剑尖对准对方有效部位所形成的假设线。

击剑线：运动员保持持剑手臂伸直，剑尖连续威胁对手有效部位为"击剑线"。此时肩、臂、剑三者成一条线。

进攻：运动员伸出持剑臂，用剑尖连续威胁对方的有效部位。

（1）直接进攻：同一条线上完成的单一的进攻动作。

（2）间接进攻：从一条线上转换到另一条线上完成的进攻动作。如一次转移进攻。

（3）复杂进攻：由几个动作组成的进攻，如击打转移进攻。

还击：防守后的攻击动作。

（1）直接还击：防开对方的剑后，在防守线上直接还击或接触对方剑身还击。

（2）间接还击：放手后转换到另一条线上的还击，如交叉还击。

（3）复杂还击：由几个动作组成的还击，如重复转移还击。

（4）反还击：对对方的还击动作进行防守后的攻击动作。

防守：为避免被对方击中，用剑进行的防御动作。

反攻：在对方进攻时所完成的进攻性或带防御性的攻击动作。

抢先反攻：对对方进攻所做的节奏明显领先的反攻。

对抗反攻：关闭对方进攻线的反攻。

及时反攻：在对方做复杂进攻时，被动的一方在对方完成最后动作的击剑时间以前所进行的反攻。

各种进攻动作：延续进攻，第一次进攻，对方防守或后退以后，进攻者没有回收手臂而立即做出的简单进攻动作。连续进攻：第一次进攻，对方防守或后退以后，进攻者又立即做出的简单或复杂的进攻。重复进攻：第一次进攻后，还原成实战姿态，又立即做出新的进攻。同时进攻：双方同时发动的进攻。

相互击中：双方在允许的时间内相互击中。

互中：双方同时发动进攻，同时击中。重剑是在 1/20 秒时间内同时击中。

相遇：在团体赛中，两个不同队的运动员之间比赛的总称。

主动权：通过击剑行动获得优先裁判的权利。

双败淘汰赛：带补救赛的直接淘汰赛，也就是运动员失败两场即被淘汰的比赛。一个运动员在直接淘汰赛表中失败一场后，进入补救赛表中继续比赛，再失败一场即被淘汰。

重遇：在直接淘汰赛表上比赛过的两名运动员在补救赛表上又重新遇到，称为重遇。

![全民阅读 体育知识读本 QUANMIN YUEDU TIYU ZHISHI DUBEN]

PART 7　技术战术

运动前准备

运动前进行充分的准备活动，对于青少年来说是非常重要的。一些青少年击剑运动爱好者，常常不重视运动前的准备活动，导致各种运动损伤，影响运动效果，也容易失去对击剑运动的兴趣，甚至造成对击剑运动的畏惧。因此，青少年在击剑运动前，必须做好充分的准备活动。

运动前的准备

准备活动的作用

运动前做好充分的准备活动能够对肌肉、内脏器官有很大的保护作用，同时还可以提前调节运动时的心理状态。

提高肌肉温度，预防运动损伤

运动前进行一定强度的准备活动，不仅可以使肌肉内的代谢过程加强，温度增高，黏滞性下降，提高肌肉的收缩和舒张速度，增强肌力，同时还可以增加肌肉、韧带的弹性和伸展性，减少由于肌肉剧烈收缩而造成的运动损伤。

提高内脏器官的功能水平

内脏器官的功能特点之一就是生理惰性较大,即当活动开始、肌肉发挥最大功能水平时,内脏器官并不能立刻进入最佳活动状态。在正式开始体育锻炼前进行适当的准备活动,可以在一定程度上预先动员内脏器官的功能,使内脏器官从活动一开始就达到较高水平。另外,进行适当的准备活动,还可以减轻开始运动时由于内脏器官的不适应而造成的不舒服感觉。

调节心理状态

青少年进行体育锻炼不仅是身体活动,同时也是心理活动。研究证明,心理活动在体育锻炼中起着非常重要的作用。体育锻炼前的准备活动,可以起到心理调节的作用,即接通各运动中枢间的神经联系,使大脑皮层处于最佳兴奋状态。

如何进行准备活动

一般来说,准备活动主要应考虑内容、时间和运动量等问题。

准备活动的内容

准备活动可分为一般准备活动和专项准备活动。一般准备活动主要是一些全身性的身体练习,如跑步、踢腿、弯腰等。一般性准备活动的作用在于提高整体的代谢水平和大脑皮层的兴奋状态,减少运动损伤的发生。专门性准备活动是指与所从事的体育锻炼内容相适应的动作练习。

下面介绍一套一般性准备活动操,供青少年运动前使用。这套活动操主要包括头部运动、肩部运动、扩胸运动、体侧运动、体转运动、髋部运动和踢腿运动等。

1. 头部运动
头部运动的动作方法是:

两手叉腰，两脚左右开立，做头部向前、向后、向左、向右，以及绕环运动。

2. 肩部运动

肩部运动的动作方法是：

手扶肩部，屈臂向前、向后绕环，以及直臂绕环。

3. 扩胸运动

扩胸运动的动作方法是：

屈臂向后振动及直臂向后振动。

4. 体侧运动

体侧运动的动作方法是：

两脚左右开立，一手叉腰，另一臂上举，并随上体向对侧振动。

5. 体转运动

体转运动的动作方法是：

两脚左右开立，两臂体前屈，身体向左、向右有节奏地扭转。

6. 髋部运动

髋部运动的动作方法是：

两脚左右开立，两手叉腰，髋关节放松，做向左、向右 360 度旋转。

7. 踢腿运动

踢腿运动的动作方法是：两臂上举后振，同时一腿向后半步，然后两臂下摆后振，同时向前上方踢腿。

时间和运动量

准备活动的时间和运动量随体育锻炼的内容和量而定，由于以健身为目的的体育运动量较小，所以准备活动的量也相对较小，时间也不宜过长，否则，还未进行体育锻炼身体就疲劳了。半小时的体育锻炼，准备活动时间一般以 10 分钟左右为宜。

另外，与运动员正式参加比赛不同，青少年进行准备活动后就可马上从事击剑运动。这是因为运动员准备活动后适当的休息是为了使身体功能有所恢复，以便在比赛中创造优异成绩，而青少年参加击剑运动是为了增强体质，不是创造成绩。

运动后放松

进行剧烈的击剑运动后，有些青少年习惯坐在地上，或是直接躺下来休息，认为这样可以快速消除疲劳，其实不然。这样做的结果不仅不能尽快地恢复身体功能，反而会对身体产生不良影响，正确的做法应该是运动后做一些整理活动，放松身体。

击剑的基本技术

准备姿势

1. 握剑

目前各国运动员主要使用的剑柄为枪柄，但也有少数重剑运动员使用直柄剑，手柄有左右之分，枪柄也有形状变化，但持剑的方法大体相同。

持剑主要依靠大拇指和食指控制剑尖。大拇指和食指稍屈相对握，中指、无名指、小指压紧手柄，使剑柄压在手掌根的中线。佩剑则压在小拇指根处，掌心要与剑柄间有一定的间隙，手腕要保持一定的紧张度，有利于控制剑的动作。使用直柄剑对正确体会手腕动作较有利，初学者用直柄剑较好。

2. 立正姿势

击剑运动员立正姿势与一般立正姿势相同，只是在手自然下垂，右

优雅的击剑

手持剑在护手盘前的剑根处，击剑比赛讲究礼貌，赛前要相互敬礼，比赛前教练和学生要相互致敬，击剑敬礼，一般由三个动作组成：

（1）转身、侧立两脚成直角，脚跟相靠，手臂伸直与身体约成 45 度角，剑尖指向地面。

（2）屈臂、剑尖直指向上，护手盘靠近嘴唇。

（2）伸臂使剑平指向致敬者。

3. 实战姿势

实战姿势是一切击剑行为的准备姿势。

（1）实战姿势的作用：便于移动、攻击和防御，使对方难以击中自己。

（2）实战姿势动作要点：运动员侧立，面向持剑前方，前脚尖向前，后脚垂直于前脚跟的延长线，两脚间距离同肩宽，两膝微成半蹲，躯干自然，稍含胸收腹，持剑臂微屈，不持剑臂的大臂与地面平行，小臂向上垂直，手腕、手指自然放松。

击剑步法移动

1. 一般步法

（1）向前一步：翘起前脚尖，摆小腿向前移动一脚掌，脚跟先着地，过渡到全脚掌，后脚跟上相同距离。注意后脚要离地向前挪动，不要拖地向前。

（2）向后一步：提起后脚向后挪动一脚掌，前脚紧接向后移动同样距离。

（3）向前交叉步：后脚经过前脚内侧交叉向前跨一大步，在前脚尖处着地，前脚接着向前同样距离（佩剑中不准使用交叉步，因此交叉步练习针对的是重剑、花剑）。

（4）向后交叉步：前脚向后脚经后脚跟交叉向后跨一大步，在后脚跟后约 10 公分处着地，后脚接着向后跨同样距离。

（5）向前跃步：提起脚跟，向前摆小腿，同时后脚快速蹬地向前跳跃一小步，两脚同时着地，注意两脚着地要同一声音。

（6）向后跃步：提后脚跟，快速向后挪脚，同时前脚掌用力蹬地，向后跃一小步。双脚同时着地。

（7）向内移步：先提后脚向腹侧方向横跨一步，前脚向内移动同样距离。

（8）向外移动：先提前脚，向背侧方向横跨一步，后脚跟随向外移动同样距离。

（9）向后错步：先前脚蹬地，将身体重心向后移，前脚离地的同时，后脚蹬地，向后跃出一小步，两脚同时落地（多应用于佩剑后退步法，不好掌握，因此不常使用）。

2. 进攻步法

（1）弓步：翘起前脚尖，摆前小腿向前，躯干同时向前，后脚掌稍蹬地，使后腿蹬直，前脚跟着地，过渡到全脚掌，大腿几乎和地面平行，小腿垂直地面，后腿伸直，身体稍前倾或弓步姿势。持剑作弓步进攻时，应先伸手臂使剑尖对准目标，再出脚成弓步姿势，不持剑的手臂向后摆动，有利身体平衡。

弓步回收成实战姿势时，应先屈后腿，蹬前脚跟，使躯干后移，还原成实战姿势。

（2）冲刺：先伸持剑臂，带动躯干前移，当身体重心超过前脚时后脚蹬地提膝经前腿内侧交叉向前摆动，前腿同时蹬地伸直，充分展体，后腿交叉着地在前脚前，前脚也交叉向前冲跑。

（3）佩剑冲刺：先后脚轻微蹬地，将身体重心向前脚移动，将重心移动到前脚，然后前脚蹬地，将身体跃出，落地时前脚先落地，后脚随后落地保持好平衡，但不可出现后脚超过前脚情况（佩剑不允许交叉步），因为比赛规则的改变，因此此项技术也不常使用，只可作为出其不意的战术中使用。

3. 实战中运用步法的一些基本要求

（1）步法要轻巧，动作要自然，特别是能根据战术需要和临场产生的突然情况而迅速转换。

（2）步长能与良好距离感相适应。能快速、及时、准确地避开对手攻击，又能快速、突然地接近对手。

（3）步法要有节奏变化，避免规律化，步法要有欺骗性，能做到真假难分。

4. 步法练习方法

（1）集体练习

听口令练习：由老师发口令，学生根据口令做相应步法，也可分解练习。对初学者采用这种方法较多。

看手势练习：老师以各种手势代表各种步法的信号，并经常变换信号含义来提高学生灵活性。

跟随步法：由老师或一名学生和大家相对立领做，领做者向前，集体向后，跟随练习。

依次练习：学生一个个依次排队，间隔一定距离，依次练习便于教师认真观察每个学生的动作缺点，及时指出，并能个别纠正、训练中可作为专项准备活动方法；练习内容有一般性步法练习和实战性步法练习。

（2）双人练习

跟随练习：由两名学生保持实战距离，一人主动移动，另一个跟随移动，并始终保持着实战距离，可以持剑练习，也可以不持剑练习。

持杆练习：由两名学生相对立，两个的手掌顶杆的两头，要求一方跟随另一方移动，始终保持这样距离，不准中间的杆掉下来，要求双方手臂尽可能保持原来位置，移动时不要过快，既要控制对方快速变换方法，又要使对方能跟随移动。

实战性步法练习：两名学生保持实战距离，做实战性动作步法练习。做攻守练习，一人向前步法中突然发出进攻，另一人必须迅速退开后又向前作半弓步来代表还击。

（3）个人练习

规定内容，次数或练习时间：如规定 5 分钟弹跳步或每组 20 次向前跃步接弓步，做 4 组。

假想对手练习：做 10 分钟假想对于实战的连续步法练习。

对镜练习：对镜自我纠正姿势练习。

（4）专项素质练习

负重步法练习，可在腿上或身上负一定重量规定次数或时间的各种步法练习。

阻力或助力的步法练习：主要是弓步和冲刺的练习，利用阻力或助力来提高弓步冲刺的速度和力量。

击剑的进攻技术

运动员伸出持剑臂，用剑尖连续向前威胁对方的有效部位，进攻分简单进攻和复杂进攻。简单进攻分直接进攻和复杂进攻。

1. 花剑的进攻技术

（1）直刺进攻，先伸手臂紧接出弓步，手指控制剑尖向目标刺出，直刺进攻，手臂不要一开始就过于伸直，应基本伸直，肩关节保持放松状态，直到击中一瞬间才充分伸展手臂。

（2）转移进攻：属于间接进攻。发动在一条线上，结束在对手暴露部位的另一条线上。用剑尖在对手的剑下方做一个半圆形转移动作，同时伸臂刺向对手暴露的目标转移进攻，用手指和弓腕相结合的动作来控制剑尖路线，前臂不旋转，并要求手腕动作不要太大。

（3）交叉进攻：与转移进攻一样是间接的简单进攻，是挑引对于暴露出有效部位立即发起进攻，有内交叉，外交叉即从第四姿势开始，在第六姿势上结束，或从第六姿势开始，在第四姿势的线上结束。

击剑进攻动作一

交叉进攻是从对手剑尖上绕过，到达对手开放的线上。动作过程是前臂弯曲，用手臂和手腕做轻微的动作，在一个击剑时间内，沿着对手的剑向上滑动一下，越过对手剑尖交叉进攻，注意动作保持向下，把柄手指向上的姿势，直到伸手臂以最快速度控制剑尖刺向目标。交叉进攻的弓步是紧随着手臂动作做出的，必须不停顿的以最快速度完成动作。

2. 接触的简单进攻

（1）击打转移进攻：击打是迅猛的手腕动作，用自己的剑身敲击，对手剑身。在击打前，要使自己的剑身与对手有一段距离，便于击打。用击打来引起对手在这条线上的反应动作，利用对手反应动作所耽搁的时机，迅速做转移动作，来击中对手。击打转移进攻技术是先击打再转移，和其他进攻一样，用弓步来完成动作。

（2）压剑转移进攻：和击打进攻同理，区别在于不用击打，而用压剑动作。压剑时，使对手在被压的线上产生一个反抗力，利用这个反抗力做出转移进攻。

（3）滑剑转移进攻：滑剑和击打、压剑有同样目的，而在执行方法上有些不同。滑剑的伸臂是在对手的剑身上做向前推进动作，与对手剑的接触时间较长。

当对手的剑微滑，而处于被威胁时，要尽力关闭被滑开的线，当对手的反抗使你的剑脱开时，做转移动作，使剑尖刺向对手的暴露部位，同时也可在对手被滑剑打开的线还没有回复关闭时，立即用直刺刺中目标。

3. 复杂进攻

复杂进攻是由几个简单进攻组合起来的进攻。是在一条线上做假动作，而在另一余线上发动进攻，就是说，装出发动进攻或装出要进攻对手某一部位的样子，实际上却从另一条线上进攻。这是一些欺骗对手实施突然进攻的假动作，这里主要介绍一些比较简单，常用的复杂进攻。

（1）内、外二次转移进攻

从第6姿势开始，伸臂做一个转移假动作，引诱对手在第4姿势这条线上做防守工作，接着出弓步做第二个真实意图的转移动作，转回第6姿势的线上来击中对手。做二次转移进攻动作时应注意，是紧接第一个转移动作后在伸臂的情况下做出的，第一个假动作要能充分的引起对手的反应动作，并使自己的动作节奏与对手的反应动作相适应。简单地说，内、外二次转移进攻，就是伸直手臂装出进攻有效部位的某一边，而真正发动进攻的在另一边。

（2）交叉转移进攻

与二次转移进攻有同样目的，但不是用转移动作而是用交叉刺的假动作引起对手的反应，在对手被渗出防守动作后，及时做一个转移进攻击中对手。交叉刺比转移刺更具有真实性，欺骗作用更有效，最后按转移攻击动作，能使动作简单、快速，在最有利的时机刺中对手有效部位。

（3）圆周转移进攻

是针对圆周防守的转移进攻，先伸手臂引起对手圆周防守，然后跟随对手动作做转移攻击，剑尖要尽量靠近对手剑的护手盘处，圆周转移是靠手指控制动作。手指应自然地握剑，不过分用劲，也不要太放松，使手柄在手指之间轻轻地转动。

击剑进攻动作二

（4）上、下二次转移

与内外二次转移相对应。内、外二次转移是在水平线上进行，它是垂直线上进行，先在低线上引起对手动作做反应，对对手第 1 部位或第 2 部位进行威胁，而后转移到第 3 或第 4 部位，在高线部位上击中对手。

做假动作时应伸出手臂，剑尖伸到对手持剑下面位置，用手指和手腕相结合的动作诱使对手，做出低线防守动作后，以最快速度出弓步，使剑尖向对手的高线部位转移进攻。

（5）甩剑刺

是利用剑条的弹性和电动剑头的性能来形成有利的角度来刺不同部位的方法，具体做到先抬起前臂使剑尖向斜上方，突然用暴发力使剑尖快速向下，又立即使手指用力捏住剑柄，不让剑身向下，造成剑尖随弹性的弯曲向下去刺中对手。甩剑刺可运用不同的方向和部位。

佩剑的进攻技术

佩剑的握剑方法和剑的使用方法都和花剑、重剑不同，佩剑能劈也能刺，而且是以劈为主，所以在进攻方法上也就有其特殊性。

（1）击剑线：在对方发动进攻前，伸直手臂，手心向下，剑尖威胁对方有效部位。

（2）直劈头：伸臂使剑刀指向对方头部。当剑尖接近对方头部时，手指、手腕带动前臂向对方头部劈去。

（3）斜带正手劈：伸臂使剑刃威胁对手第 4 部位，当剑尖接触对方目标时手腕迅速作顺时针旋转斜劈，使剑尖划劈在对手有效部位后，迅速回复到第三姿势位置，此动作速度快，接触对手有效部位的力量较小。

（4）正手劈：伸臂使剑刀威胁对手第 4 部位，手心向斜下方，当劈中对手目标时，用手指、手腕稍带动前臂向对手有效部位劈一个很小的动作，正手劈是以手心向斜上方做出劈的动作的总称。

击剑进攻动作三

（5）反手劈：先伸臂使剑刃威胁对方第 3 部位，手心向下，当剑尖接近目标时，手指、手腕带动前臂向对手有效部位劈去，反手劈是以手心向下完成劈的动作的名称。

（6）直刺：伸臂同时逆转手腕，使手心向下，剑尖下降威胁对方有效部位直接向对方有效部位刺去。

（7）转移劈，先伸臂使剑刃威胁，对手某一部位，随后转动手腕转化或向另一部位劈去。

（8）击打劈：先伸臂同时用剑的前部去击打对手剑的弱部或中弱部紧接着向对手被打开的部位劈去。

（9）对抗劈：在对攻中运作，用自己的护手盘和剑的强部，抗击对方的剑，使对手劈来的剑脱离有效部位，而自己的剑劈中对方。

佩剑的复杂进攻是在弓步进攻动作的击剑时间内有一个或几个假动的进攻，假动作是装作一个简单进攻的样子，去引诱对手在一条线防守而动员攻击对手暴露的另一个部位，要使复杂进攻成功，假动作应逼真、快速，最后的进攻动作更快。变换动作节奏是重要的，为达到这个要求，需要瞬间的加速度及手持剑的控制能力。

进攻技术的共同要求：

（1）动作预兆要小，意图要隐蔽。

（2）速度要符合动作的要求和对手的情况。

（3）要掌握对手的节奏。

（4）击剑的技术是多意图的，根据即时观察，判断针对性的做出行动。

（5）掌握合适距离和时机做出进攻，步法和进攻要配合熟练。

击剑的防守、还击技术

防守技术

防守是用武器和距离保护自己，避免被对手攻击击中的动作。正确的防守是在对手剑到达前，关闭对手进攻的路线。

一、身体刺中面积的划分

为了便于技术教学，将人体躯干的正面用二根相互垂直的轴线划分成四个部位，持剑手侧上部为第3部位（或称第6部位），下部为第2部位（或称第8部位），领侧的上部为第4

击剑防守动作一

部位（或称第5部分），下部为第1部位（或称第7部位）。

二、防守方法

防守的目的是避免被对手击中。由于击剑运动的特点，除主要为武器防守外，还有距离防守、身体躲闪防守两种方法。

1. 武器防守：

武器防守是以剑来搁开对手攻击的防守方法。武器防守要注意用自己剑护手盘外的剑枢部即剑的强部去防对手剑的弱部。良好的武器防守必须有合适的距离。一般来说，距离是防守成攻的首要条件，武器防守除用剑直接作防守外，还有击打防守、格挡防守两种。

（1）击打防守：是用自己的剑做一个击打动作来打开对手的剑。

花，佩剑比赛中采用击打防守比较多，尤其是第 4 防守，第 6 防守，第 2 防守使用击打防守更为普遍，击打防守在规则上处于有利，享有优先判权。击打防守动作小防守和还击的速度快。和进攻动作结合比较密切，容易相互转化击打后和对手剑脱离接触，改变刺击点比较方便。但击打防守常是不彻底，有时容易防守不良，在击打防守时，剑尖动作易失控，所以在重剑中较少运用。

（2）格档防守：也称为压剑防守，是用自己的护手盘和剑根控制住对方攻击的弱部，还击时紧贴着对手剑去击中对手，便于运用抗防守还击，一般来说击打防守在较远的距离中运用，格挡防守是在较近的距离中运用，或双方同时向前时运用，格挡防守作对抗还击较多，在花剑中第 6 防守一般采用格挡防守较容易。

2. 距离防守

距离防守是依靠步法来退开对方攻击的距离以达到防守的目的。距离防守是最可靠的防守方法，要求要有良好的距离感、节奏感，快速、灵活，以步法转移能力。距离防守经常与反攻配合，但防守后还击较困难。

3. 躲闪防守

躲闪防守是依靠身体位置的变化来避开对手攻击。在花剑和佩剑中用较多，躲闪防守经常与反攻相配合如下蹲反攻和侧身反攻。

还击技术

还击是指防守后的攻击动作。它分为简单还击和复杂还击，简单还击又分为直接还击和间接还击。

1. 直接还击

防开对方的剑后，在防守线上直接还击或接触对方剑身还击。

直接还击是最常用，最基本的还击方法，由于对手进攻后双方处于近距离，直接还击速度快，还击技术简单。

佩剑的防守直接还击为头部和不持剑的一侧。

2. 转移还击

是在防守后采用转移刺或转移劈的办法去攻击对手暴露的部位，是针对进攻后回收快的对手。根据不同的距离采用不同的转移还击方式，对进攻后双方距离较近，直接还击又容易被对手防住的情况下，应在防守后稍停再向对手暴露的部位用转移刺或劈的动作进行攻击。若对手进攻后立即回收，使双方距离拉开，防守后应先稍向前伸臂引起对手防守反应，立即做转移刺或劈对手暴露部位。

击剑防守动作二

3. 缠剑还击

是防守后用剑缠住对方剑还击对方薄弱部位，这种还击，一般在抗防守还击中运用。常用的有第4防守，缠剑刺腰。第6防守缠剑刺小腹等。

4. 交叉还击

是指防守后剑身向后拉绕过对手剑尖向另一暴露部位刺去。花、佩、剑中一般使用在对手进攻的对抗力较大或剑离身体较远或对手回收地较快的情况下。交叉还击容易使对手防守失误，因为它变换方向快，还击速度快，在花剑中又能快速夺取优先判决权。在近距离交锋中，第1防守交叉刺，第2防守交叉刺运用较多。跟进还击中第4防守交叉还击和第6防守交叉还击也运用较多。

佩剑中对进攻后回收较快对手，也可采用交叉还击。

5. 相对速度还击

是在防守后稍停顿或做晃剑或连续转移来错开对手的动作节奏，攻击其暴露的部位，是对防守能力较强的对手或动作速度较快对手运用，是一种时间差的攻击行动，属于复杂还击。

6. 反还击

是指进攻被对手防守还击时，立即回收做出防守后紧接的攻击动作。

击剑的基本战术

1. 破击打进攻

可用反击打防守还击。也可用对方击打时，立即向前伸臂反攻，破坏对方进攻距离，又先击中对手，使对手击打后，直刺难以完成，也可用摆脱和对抗刺。

2. 破抢、反攻

一是加强进攻的出手速度；二是利用步法的节奏变化以及手上、上体的假动作来引诱对方抢攻或反论，用击打进攻或向防守还击破反、抢攻。

3. 破击剑线

以假压剑接真击打，对摆脱能力强的对手要运用上、下击打。击打动作预兆要小，还要配合反变化，击打打空要及时控制不做进攻，击打到剑立即做出进攻。

4. 破转移进攻

采用快速的反变化的联合划圆防守，也可采用快速后退几步的距离防守。

5. 对防守还击强对手

首先要掌握对手动作规律，能以观察进攻取胜最好。要是难以攻破，就应该采用第二意图战术，即以第一次进攻引出对手决定性防守还击，再用反还击治之，对于进攻能力差的对手，可用紧逼对手，引出对手进攻，采用的是避强攻弱的战术。

6. 对善于进攻的对手

可以紧逼对手，不让其发挥进攻特长，在紧逼中给对手一定的威胁，使其紧张，利用击打，突然进攻攻击对手，也可以利用击剑线战术抑制对方进攻，通过击剑线摆脱，用击打、反攻、抢攻配合防守等组合来对付。

运动后整理

运动后的整理活动不但可以避免头晕等症状，还可以有效地消除疲劳。

避免头晕

在击剑运动时，心血管功能活动加强，骨骼肌等外周毛细血管开放，骨骼肌血流量增加，以适应身体功能的需要。而运动时骨骼肌的节律性收缩，又可以对血管产生挤压作用，促进静脉血回流。

人体在停止运动后，如果停下来不动或是坐下来休息，静脉血管失去了骨骼肌的节律性收缩，血液会由于受重力作用滞留在下肢静脉血管中，导致回心血量减少，心血输出量下降，造成暂时性脑缺血，出现头晕、眼前发黑等一系列症状，严重者甚至会出现休克。为了避免这些症状的发生，整理活动是非常必要的。

消除疲劳

除了避免头晕等症状的发生，运动后的整理活动还可以改善血液循环状态，达到快速消除疲劳的目的。

在运动后放松时，应注意以下几个问题：

（1）做一些放松跑、放松走等形式的下肢运动，促进下肢静脉血的回流，防止体育锻炼后心血输出量的过度下降。

（2）在下肢活动后进行上肢整理活动，右臂活动后做左臂的整理活动，通过这种积极性休息，使身体功能得到尽快恢复。

（3）整理活动的量不要过大，否则整理活动又会引起新的疲劳。

（4）在进行整理活动时，应当保持心情舒畅、精神愉快的感觉。

另外，击剑运动结束后，人体内会产生一种叫做乳酸的酸性物质，它的积累会造成机体的疲劳，使恢复时间延长。所以，我们在击剑运动后，应多补充一些碱性食物，如蔬菜、水果等，而动物性蛋白等肉类食品偏"酸"，在运动后的当天可适当减少。

花剑的技术

击剑分为三种类别，即花剑、佩剑、重剑，每一种剑法都各不相同，这里只介绍花剑的具体剑法。花剑基本技术包括基本动作、得分部位与进攻距离、基本姿势和基本步法等。

基本动作

花剑的基本动作是练习此项目的最基本的运动形式，包括握法、站立姿势、开始姿势、实战姿势、略息和敬礼等。

握法

动作方法：用拇指和食指第一指节相对地握在剑柄两个宽面上；其他三指勾握于手心相对的一面；剑柄凸起的一面靠近手心，但不接触手心；拇指、食指距护手盘 1~2 厘米。

技术要点：避免大把抓，主要是拇指和食指用力；避免拇指、食指握剑柄时离护手盘太近或太远。

站立姿势

动作方法：身体自然直立，两臂于体侧自然，目视前方；左手拇指

第一指节靠近护手盘，按在剑身宽的一面，其他四指握在相对的一面；剑尖指向后下方。

技术要点：避免大把抓，注意虎口向前，手指放松；避免指尖向左、右斜，注意小拇指和无名指放松勾握。

开始姿势

动作方法：两脚跟靠拢呈直角，右脚尖向前，左脚尖向左；身体略向左侧方，两臂在体侧斜下方伸直；手心向上，剑尖指向前斜下方，控剑手与剑身及臂呈一直线，两眼平视前方。

技术要点：两臂自然地由下方分别向前后斜下方伸直；避免身体前倾和缩肩。

实战姿势

动作方法：左脚尖向左，右脚尖向前，两脚跟在一直线上，两脚呈直角，两脚之间的距离约同肩宽；两膝略屈，右膝与右脚面垂直，左膝约与左脚尖在一垂直面上，重心在两腿之间；上体自然挺直，右肩向前，握剑手臂的肘关节距身体约一掌半；屈起持剑臂的肘关节，手心向上，使小臂与剑呈一直线，剑柄在手腕中间；握剑手约与胸部在一平面内，剑尖与眼平行，目视前方；左臂后屈肘举起，大臂与地面平行，小臂与地面垂直，手腕自然放松。

技术要点：右脚向前迈时不是脚跟先着地，而是前脚掌过渡到全脚掌，然后重心在两腿之间，两膝弯曲不宜过大；避免右臂距身体太近或太远，注意手腕弯曲、身体前倾、挺胸凸臀；两脚不呈"丁"字形，两脚之间的距离不宜过宽；避免左手紧张或太靠近肩部。

略息

略息是指在训练过程中短时间休息时的身体姿势。

动作方法：两脚的位置同实战姿势，两腿自然伸直；两臂自然下垂，右手握剑把，手背向左，左手握剑身前半部，手背向右，剑身靠近身体；上体放松，自然挺直。

技术要点：略息时两脚与肩同宽；两肩放松，自然站立；站立时右手持剑，左手扶握剑身。

敬礼

敬礼是指比赛前向裁判员及对方致敬的动作。

动作方法：持剑手臂抬平，剑尖指向对方；屈肘举

男子花剑比赛中

剑，使剑身与小臂呈一直线，并与对面垂直，剑尖向上，护手盘在下颌处，手心朝向面部；将剑与小臂伸直，手心向下，指向右侧裁判员；将手臂伸直，指向对方；还原成开始姿势。

技术要点：向前点剑时，前臂与肩同高，两腿直立；剑带回胸前时前臂弯曲，肘关节自然下垂，目光敬视对方；敬视对方后，右臂挥至身体右斜45度处。

得分部位

得分部位是击剑比赛中判定胜负的标准，进攻距离是运动员在比赛中应该掌握的技术方法，包括刺中面积、身体部位和距离等。

为了便于技术教学，将人体躯干的正面用两根相互垂直的轴线划分成四个部位，持剑手侧上部为第3部位，下部为第2部位，领侧的上部为第4部位，下部为第1部位。

刺中面积

刺中面积是指规章规定刺中的身体部分。斜线部分分别是男子和女子比赛的刺中面积。

身体部位

为了防守和确定基本姿势的位置，可将身体的刺中面积分成 4 个部位，其方法是，假想有一条垂直线和水平线通过持剑的手形成交叉，把刺中面积划分为 4 个部位。

距离

一般分为近、中、远 3 种距离。

近距离：伸直持剑手臂就可以刺中对方的间隔称为近距离。

中距离：用直刺和弓箭步可以刺中对方的间隔称为中距离。

远距离：上前一步或交叉步呈弓箭步刺可以刺中对方的间隔称为远距离。

基本姿势

花剑的基本姿势是由项目规定的刺中部位产生的。在运用这些基本姿势时，可根据距离远近灵活掌握。例如，距离远时动作可以小一些，距离近时动作可以大一些。基本姿势共有 8 种。

第一姿势

动作方法：

剑的位置在第一部位；持剑手臂半屈，高于胸平；另一只手在身体的左侧，手心向前，肘约与肩平；剑尖低于护手盘，并指向左斜前方。

技术要点：避免先将剑垂直下落，再向左转动推出；剑身与地面呈垂直。

第二姿势

动作方法：剑的位置在第二部位；持剑手大约与腰齐平，手心向下；持剑手臂略屈时，护手盘低于肘，肘低于肩；剑尖低于护手盘，高于右膝，剑身在身体右边一点。

技术要点：避免肘向外展，纠正时可用左手托住右肘，重复练习；避免手臂下压，纠正时可将左手放在腰的高度，使小臂下落时不要压左手。

第三姿势

动作方法：剑的位置在第三部位；剑身在身体右侧一点，护手盘与腰同高，剑尖高于护手盘，约在右眼外 10 厘米处；持剑臂略屈，肘距离身体一拳或一掌，手心向下。

技术要点：避免右手向右移动太远；避免手的部位太低。

第四姿势

动作方法：剑的位置在第四部位；持剑手臂半屈时，肘关节距离身体一拳或一掌；整个剑身在身体左侧与上身平行的平面上，手与腹部同高，屈腕，手心向左。

剑尖高于护手盘，约在左眼外 10 厘米处，高约与左眼齐平；非握剑的大臂与地面平行，小臂与地面垂直，手在头侧上举，手腕放松，手下垂。

技术要点：持剑手不能过高或过低；肘不宜离身体太远或太近；避免剑尖向外或向内，腕部要放松。

第五姿势：

动作方法：剑的位置在第四部位；手位于腰部高度，手心向下；剑尖高于护手盘，低于肩，指向左斜前方。

技术要点：避免与第四姿势混淆不清；手臂不要完全伸直。

第六姿势

动作方法：剑的位置在第三部位，护手盘与胸同高，剑尖高于护手盘；剑在身体右侧一些，剑尖约在右眼外 10 厘米处，约与眼齐平；持剑手臂半弯曲，肘距离身体一拳或一掌，手腕略向右屈，手心向上；非持剑手臂于头侧上举，大臂与地面平行，小臂与地面垂直，手腕放松，手下垂。

技术要点：身体不宜向右转动，肘不动，仅手腕和小臂动；避免剑尖过高或过低或向左（右）斜。

第七姿势

动作方法：剑的位置在第一部位；剑身在身体左侧，手臂弯曲，肘略靠近胸部，护手盘在胸腰之间的高度，手心向上；剑尖低于护手盘，高于膝，剑身在身体左边一点。

技术要点：避免手臂过于紧张和伸直；避免手臂过低。

第八姿势

动作方法：剑的位置在第二部位；护手盘与腰同高，剑尖低于护手盘，高于膝关节，剑身在身体右侧一点；右臂半屈，肘距离身体一拳或一掌，手略低于肘，手心向上。

技术要点：避免剑尖过低或偏向左（右）；注意剑身不要在身体右侧。

基本步法

步法是实战中寻找进攻机会或防守的基础，好的步法能使击剑水平进一步提高。基本步法包括向前一步、向后撤一步、前交叉步、后交叉步、向左一步、向右一步、向前跃步和向后跃步等。

向前一步

动作方法：由实战姿势开始，躯干不动，右腿略提大腿，并以膝关节为轴，向前踢小腿跨出；右脚脚跟先着地，然后全脚着地；当右脚前跨时，左腿蹬地（使重心随之前移）跟上，重心仍在两腿之间，两腿距离仍同肩宽；动作完成后呈实战姿势。

技术要点：右小腿不要向前摆动；重心要水平移动，避免上下波动；两脚距离不是略宽于肩，要根据进攻的幅度和速度决定；两脚在地面上滑动，两脚尖方向相同。

向后撤一步

动作方法：由实战姿势开始，左脚向后退一步，重心随之向后移；同时右脚立即向后移动，用全脚掌着地，两脚距离同肩宽；动作完成后呈实战姿势。

技术要点：左小腿不要向后摆动；重心要水平移动，避免上下波动；两脚距离不是略宽于肩，要根据进攻的幅度和速度而定；两脚在地上滑动，两脚尖方向相同。

前交叉步

动作方法：由实战姿势开始，左脚由右脚前向前交叉移动一步，重心随之前移，右脚立即向前跨一步，呈实战姿势。

技术要点：重心要水平移动，避免上下波动；避免两脚没有站成实战姿势，进攻时上体不宜过早向前移动，也不要正面向前；避免低头。

后交叉步

动作方法：由实战姿势开始，右脚由左脚后交叉移动一步，重心随之后移，左脚立即向后跨一步，呈实战姿势。

技术要点：向后撤步时，重心由右脚尖过渡到全脚掌；上体保持直立放松；后臂举至略高于头的位置，双肩放松；两脚撤退敏捷、迅速。

向左一步

动作方法：由实战姿势开始，左脚向左跨一步，右脚立即跟上，两脚保持实战姿势。

技术要点：避免重心上下波动；避免两脚的方向和距离不正确；避免髋关节和上体转动。

向右一步

动作方法：由实战姿势开始，右脚向右跨一步，左脚立即跟上，两脚保持实战姿势。

技术要点：同"向左一步"的技术要点。

向前越步

动作方法：右腿迅速上抬，并踢小腿向前跨出；同时左腿迅速蹬地跟上，右脚先用脚跟着地，然后全脚着地，呈实战姿势。

技术要点：重心沿水平前移，避免上下波动；避免右脚着地后左脚才着地，成了"向前一步"的基本步法。

向前越步

动作方法：由实战姿势开始，右脚用力蹬地后移，重心随之后移；同时右脚跟迅速向左脚跟靠拢，左脚立即向后一步，呈实战状态。

技术要点：重心沿水平后移，避免上下波动；避免两脚之间距离不正确。

花剑的战术

花剑实战技法与战术是实战中取胜的重要因素，只有掌握了正确的技法和战术，才能在击剑比赛中游刃有余地发挥出应有的技术水平。花剑实战技法与战术包括实战技法、简单防守技法、假动作战术和进攻战术等。

实战技法

实战技法是指实战比赛中运用的技术方法，包括直刺、弓箭步刺出和冲剑等。

直刺

动作方法：两腿屈膝，两脚距离同肩宽，脚的姿势与实战姿势相同；上体自然挺直，重心在两腿之间；持剑手臂伸直与剑身呈一直线，剑尖低于护手盘，手心向上；左臂的大臂与地面平行，小臂与地面垂直，手腕自然放松。

荣静夺女子花剑金牌

技术要点：先将手臂伸直，再用剑尖找目标；身体前倾，后腿伸直。

弓箭步刺出

动作方法：持剑手臂伸直，剑尖低于护手盘，手心向上，目视前方；右大腿与地面平行，小腿与地面垂直，大、小腿呈直角；左臂在体侧自然平举，与右臂呈一直线或与左腿平行。

技术要点：左腿要完全伸直，且全脚着地；上体略向前倾，重心前移至右腿。

冲剑

动作方法：持剑手臂伸直；左腿蹬地，重心前移；当重心超过右腿时，右腿蹬地，左腿迅速向前抬起，并伸展全身；左脚落地后向前冲去。

技术要点：注意重心前移，前冲肘时展体。注意右腿蹬直，左腿迅速前提。

简单防守战术

花剑简单防守战术是指防守中根据对方的进攻所采取的反抗动作。简单防守的每一个动作和姿势，都起着保护某一部位的作用。花剑简单防守战术包括直线防守、半圆防守、划圆防守、退却防守和向左闪躲等。

直线防守

动作方法：由一种姿势转向另一种姿势时，剑尖沿直线移动并进行防守。

技术要点：防守时两脚迅速移动；刺剑臂与肩同高，不宜端肩。

半圆防守

动作方法：由一种姿势转向另一种姿势时，剑尖沿弧度移动，如由第六姿势转为第二姿势和由第四姿势转为第七姿势等。

技术要点：避免剑尖运动路线混乱；看准来剑的目标；精神集中，但身体不要僵硬紧张。

划圆防守

动作方法：防守时剑尖沿不规则的圆形移动，且第六姿势的划圆防守是剑尖顺时针向右、向下、向左、向上移动，第四姿势的划圆防守是逆时针向下、向右、向上、向左移动。

技术要点：防守动作是否正确，与做动作的剑尖走到路线有关；身体不要紧张僵硬，保持精神集中；划圆时腕部灵活、敏捷有力。

退却防守

动作方法：当对方从近、中距离刺来时，后退一步或两步，变成中、远距离的防守方法。

技术要点：在与未相遇的对方实战时，一开始就可以采用这种方法，目的在于观察对方的进攻方法，以便采取可行的进攻方法；它也是一种防守对方突然进攻的唯一方法。

向左闪躲

动作方法：左脚向左斜前方跨一大步，屈膝；右腿蹬直，全脚掌着地；上体前倾，持剑手手心向下，左手扶地或放松下垂。

技术要点：上体前倾，右腿蹬直。

假动作战术

用剑或身体来威胁和挑衅对方，使其暴露刺中部位的行动称为假动作。花剑假动作战术包括假直刺、转移、变换交叉和重复转移等。

假直刺

动作方法：实际上就是直刺的动作，不过不做出完整的直刺，以便做下一个真正的进攻动作。

技术要点：虚假动作要做得让对方信以为真；下肢腿部运动要敏捷、迅速，路线灵活多变。

转移

转移就是使自己的剑从对方的护手盘的一方经过，绕一个小弧而转移到对方剑的另一方。

动作方法：转移持剑手的腕部；使剑尖从左经下到右，或从右经下到左，或从左经上到右，或从右经上到左。

技术要点：移动时手腕转动不要太大，避免弧度太大。

变换交叉

变换交叉是指自己的侧身从对手剑身的一个部位变换到另一个部位的技术动作。

动作方法：首先提小臂或屈手腕，竖起剑身；当剑身竖起到对方剑尖的高度（或略高一点）时，迅速伸臂，再呈实战姿势。

技术要点：

收剑的动作做得不宜过大，不能沿着对方的剑身移动。

重复转移

重复转移是同一方向的两次或三次转移，一般在对方做划圆防守时使用。

动作方法：例如甲从外交叉（即第六部位交叉）转移，刺乙的第四部位，乙做第六姿势划圆防守，这时甲顺势再做一个转移动作，甲做的这个动作就叫重复转移。

技术要点：避免转移弧形太大；动作要连贯。

进攻战术

进攻战术是击剑比赛中主动取得胜利的必要手段，花剑进攻战术包括进攻中刺剑、重复进攻、冲刺进攻、复杂进攻、反攻和还击等。

进攻中刺剑

进攻中刺剑常在进攻被动的情况下使用，其特点是反击迅速。

动作方法：若部分刺中面积暴露出来，可以接着从最短线路直刺；伸直手臂，用箭步直刺，在刺的时候，剑刃向右或向右上方，剑身的弓形向上或向右上方，大拇指和食指朝着刺的方向，当剑尖刺中时，手指握紧剑柄；若部分刺中面积积极掩蔽，可以使用转移刺：用剑绕过对方的剑，自下向刺出的方向螺旋形向前刺出。

技术要点：若要在运动中快速找进攻目标，需要多变的头脑和灵活的身体运动，速度不宜单一不变；进攻时不宜端肩，进攻前保持身体放松，能够快速进攻；做弓步刺剑时，前腿弯曲，不宜直腿站立。

重复进攻

重复进攻是指当对手处于弱势并已失去反攻机会时，给对方以致命性打击的一种剑法，特点是进攻连续、快速。

动作方法：从开始的姿势起做箭步刺，在对方离开的时候，向前还原，呈实战姿势；然后用箭步做第二个进攻动作。

技术要点：重复进攻时要保持身体的平衡，以便再进行连续进攻；下肢脚步灵活，配合进攻的方向来变换步法。

冲刺进攻

冲刺进攻是一种远距离进攻剑法，在花式剑中用得最多，能够在跑动中发起凶猛的进攻。

动作方法：两脚向后连续蹬地，先是左脚向前迈出离开地面，右腿同时蹬直，使身体向前；在左脚落地之前，做劈或刺的动作；用几个制动步来停止向前冲刺的动作。

技术要点：进攻时步法敏捷，爆发力强；双肩放松，精神集中，反应要快。

复杂进攻

复杂进攻是指以假动作挑衅对方防守，继而向其身体暴露部分进行加速劈的技术动作，常由一至两个假动作，以及向对方身体暴露部分进行的劈动作构成。

动作方法：向头做假动作；向身体右侧劈去。

技术要点：做假动作的逼真程度要让对方信以为真；步法要随着进攻的距离和方向灵活多变。

反攻

反攻是指在对方进攻或准备进攻时，对他所做的进攻动作，特点是反击速度要超过对方的劈或刺的速度。

动作方法：用箭步时，身体前倾直刺，向前上步或向前跃步；不用箭步时，在做完反攻劈的动作之后，应向后一步或向后跃步。

技术要点：反攻之前要注意对方是否还有机会继续进攻；在对方进攻结束后，迅速进行反攻；不宜多想，应该果断、快速地进攻。

还击

还击是在陷入被动的情况下，变被动为主动的一种剑法。在每一个击退劈、刺的防守动作之后，应当立刻跟着用劈或刺的动作做还击。

动作方法：在做第四姿势防守之后还击直刺；用直刺协助还击是进

攻动作的变化，即在击退对方的还击后动作。

技术要点：对方进攻时不要慌张；当对方接近身体要敏捷躲闪；剑的力道在剑前端。

体能训练

高水平的击剑比赛过程需要充沛的体能予以最基本的保证，充沛的体能保证了运动员技战术的正常发挥。体能是击剑训练和竞赛的重要组成部分，是提高击剑技战术能力的先决条件，运动员技战术水平越高，就对体能训练的要求越高，主要体现在以下几个方面。

速度

完善的击剑技术由速度、力量、幅度、方向等因素组成，其中速度起到重要的作用。技术动作如果缺乏速度，将失去实用的价值。反之，假使速度上占有优势，就可以在一定程度上弥补技术上的缺陷。击剑技战术动作的速度是通过其反应速度、动作速率速度和绝对速度体现出来的。这两种不同形式的速度相互结合，才能发挥出击剑运动员最大的能量。

击剑手上技术复杂多变，步法移动频繁，比赛中运动员要根据对手的各种变化做出相应的动作。由于对手的动作真真假假，所以运动员必须使自己的反应带有选择性和针对性。反应速度越快则选择越快，越能为行动争取到可贵的时间。但是反应速度受遗传的影响，具有先天性，后天不能改变或者只能微小的变化。

训练的功能仅仅是使得机体的本能反应速度完全表现出来。反应速度也包含运动员自身经验的积累。大脑储存的信息量越多，对比赛中出现的选择的准确性把握就越精细。决策后的行动由动作频率速度和动作绝对速度组成。一个防守失误后立即转换成另一个防守姿势；由进转为退去弥补手上动作的失误；突然出现可乘之机立即转守为攻等，这一切都要靠动作的速度频率来实现。

从某种意义上来说，动作越多，频率越快，越能避免被击中，也越能创造出击中对手的机会。另外，一个简单弓步直刺或者一个防守还击都需要绝对速度。绝对速度通常使用完成决定性动作中，是击中对手或避免被对手击中的重要保证。

力量

尽管常见的击剑比赛并不是以力量取胜，而力量在比赛中也表现为一种无形的素质存在，但是力量对于击剑胜负却起着重要的作用。主要表现在将力量巧妙而合理地融合在技术动作当中，也就是对躯体的控制、对武器的控制和发挥最大动作速度上。

击剑比赛在狭长的剑道上进行，运动员位移变化以前后为主。交锋中由进至退，弓步的还原，攻防姿势的转换，身体接触带来的冲撞以及不断变换重心位置，控制好身体平衡等。除了有技术因素外，主要通过腰、腹、腿等部位力量来实现对躯体的控制。并且如何能随心所欲地使用剑击中对手是每个击剑运动员追求的目标。在高速运动时，由于惯性的作用，剑身反弹、剑尖摆动，必须有足够的力量和技巧控制自己的剑，才有可能击中目标。除了要控制自己的武器外，还经常与对手的剑进行击打、格挡、缠绕、压、滑等接触，实施攻防行动或破坏对手的攻防行动。没有足够的力量和使用力量的技巧难以达到准确击中目标。

击剑大多数动作都是靠爆发力来完成的。特别是在刺的过程中为了减少剑身运行的距离，减少剑身的颤动，提高准确性，所用的这种力量需要中枢神经系统来指挥肌肉收缩与松弛的过程。由于技术的错综复杂和高度准确性，需要身体各机能都配合起来，通过中枢神经系统的控制进行协调配合，这也是为了发挥最大的肌肉力量和防止受伤提供重要的保障。击剑运动员发挥最大动作速度时的肌肉工作方式既有动力性也有静力性。比赛由始至终，除了裁判员叫停或双方处于较远的无危险距离外，运动员的双膝一直呈半弯曲状态。这种静力性工作给下肢带来较大的负荷，如果没有足够的力量耐力，则无法发挥动作的高速度，也难以完成长时间的多轮次比赛。

耐力

尽管击剑单场比赛的时间很短，但整场比赛时间拉得很长，往往是从上午一直打到下午直到决出冠军。因此，水平越高、成绩越好，则打的场次越多、时间越长，这对运动员体力的消耗就会变得很大。同时，比赛的水平越高，比赛的激烈程度就越大，这对运动员的体能消耗就更大。比赛中可能出现的一切情况都对运动员的耐力是一个严峻的考验。因此，击剑运动员是以有氧耐力为主、无氧耐力为辅，保证运动员始终能以饱满的精神状态投入到比赛中去。

灵敏

击剑运动员对灵敏的要求很高，需要运动员在比赛中的身体动作、战术思维以及视觉和肢体动作良好的配合，并能快速的应答突发情况，如完成起动、急停、突然改变位置和方向等。这些行动完成得快速和准确建立在敏锐的观察力、准确的判断力及其反应的快速性、精准性的基础上。击剑运动员的灵敏特别表现在交锋过程中的空间、时间、用力、节奏等方面。因此灵敏是运动员运动技能和各种运动素质的综合体现，只要其中任何一种素质较差，都会对灵敏素质的提高带来不利影响。

协调

击剑的实战姿势一反常态，与众不同：身体侧向前方，持剑臂的关节向内靠近身体，而手腕向外，双膝外展，移动时，向前先动前脚，向后先动后脚。这种姿势和移动不仅仅违反了人的正常生活习惯，也违反了人体的生理结构。这就直接导致了协调性不好的运动员很难达到上述的几个要求，对进一步提高击剑水平有很大的障碍。击剑的基本技术包含了多种复杂的组合，一个向前一步与多个手上动作，或是手上动作与复杂的步法相结合，姿势重心的多种变化，四肢的伸展与回收等。这些极具变化的组合式组成各种战术的基础。因此协调性的好坏直接影响到技术结构是否合理，技术与运动素质是否融为一体，技术能否为战术的正常发挥服务。只有手法和步法、进攻和防守完美的配合协调在一起，技术动作才会正确，战术才能发挥真正的作用，这样才能真正地发挥出击剑的威力。

柔韧

击剑运动员良好的柔韧性就是柔而不软，韧而不僵。柔韧性的好坏，可以从运动员的步法弹性、弓步幅度、刺出深度以及动作姿势和身体重心的变化中反映出来。但是最具有代表性的是运动员出弓步时的速度。柔韧性好，除了能使运动员的动作彻底伸展开来之外，还可以减少关节、韧带、肌肉带来的阻力，对速度的发挥有积极的作用。此外，柔韧性受到中枢神经系统兴奋与控制的调节，兴奋性高，则柔韧性增强。

PART 8　裁判标准

　　击剑比赛中，裁判员有严密的组织工作和严格的评分标准。运动员如果对评分标准了然于胸，就能在比赛中游刃有余，发挥自如。

裁判员

　　每个剑种（花、重、佩）指派一名裁判员。

　　裁判员应自备西装。

　　参照国际剑联比赛规则，中国击剑协会将根据实际情况，在国内重要比场次中采用录像裁判系统。

犯规处理

　　比赛重新开始后，一般情况都是从同一地点开始比赛的（判罚丧失场地除外），判罚丧失场地一般是判罚将比赛现场向犯规团体移 1 米。

　　警告后，重犯同一错误，也会被罚击中一剑，在佩剑中的冲刺、冲撞或在花剑中故意坐地，一般是判罚将比赛现场向犯规团体移 1 米。

　　如果选手的双腿都触底线，将被罚击中一剑。

身体接触，在重剑中推挤对方属于故意身体接触行为，都会被罚击中一剑。

转身背向对方、剑尖在场地上无故拖划和重刺或用不持剑手遮盖避免被击中，均属于犯规行为，第一次给黄牌警告，如果再犯，将出示红牌判罚被击中一剑。

对于更为严重的犯规，如报复、粗暴冲撞和与对方串通舞弊，将会被直接示黑牌驱逐出场。

PART 9 风格流派

不同剑种的特点

早在 1896 年，雅典举行的第 1 届现代奥运会上就设有男子花剑、佩剑的比赛，随着技术的不断提高，对于观众来说，击剑已经从一个竞技项目，变成了一场华丽的演出。在国际比赛中，击剑项目分为花剑、佩剑、重剑三种，虽然各种剑都是由韧性极佳、强度极高的特殊钢材制成，包括剑柄、护手盘、剑身三部分，但是剑剑不同，各有学问。

花剑

虽然三种剑看上去并无大差，但花剑可谓三剑之中最修长的一把，最初用于战斗训练。

在奥运会花剑项目的比赛中，花剑的总重量必须低于 500 克，剑的最大长度为 110 厘米，剑身也不得超过 90 厘米，剑尖之处横断面为长方形，横断面进入剑身之处的内部，由弹簧和连接纽带，在刺中对手后触发击中信号。护手为一个倒扣的碗圆形，装在剑身与剑柄之间，直径不能超过 12 厘米，而且安装点必须在护手的圆心点。花剑还有电动花剑和普通花剑之分，电动花剑剑身前端，还包有 15 厘米的绝缘物，剑柄与剑身、护手盘绝缘；普通花剑的剑头直径在 5.57 毫米之间，长约

1.5 厘米。

剑客手持花剑比赛时，花剑只能用刺，不能劈打，刺中身体躯干之有效部位才算得分。

在比赛中，花剑的护服可谓与众不同，花剑金属服带有小圆领，用来保护运动员的脖子，但没有袖子，下摆呈倒三

修长花剑

角形，像是一件背心，在套上外保护服后，运动员一般都会在里面再穿一件保护内衣。

佩剑

三种剑哪种最帅？佩剑可谓当仁不让。佩剑源于骑兵使用的弯刀，中国曾称"花式剑"，在比赛中，佩剑的重量不得超过 500 克，剑长 105 厘米，剑身不超过 88 厘米，剑尖横断面则为梯形，护手盘的一侧为月牙形，用以保护手指，护手盘大小以能沿对角线放进 15 厘米×14 厘米长方形的检验筒中为准。佩剑的剑柄底部与其他剑差异较大，是一个短圆柱形，由于护手盘是一个较长的月牙形，所以护手盘内置的护手软组物也是最小的，剑柄的把手相比之下也是最为短小的。

相比之下，佩剑的出招方式还比其他剑要多一种，佩剑可以用刺、劈来攻击对手的上半身，劈刺有效部位是腰部以上手、臂、头、颈和躯干。与佩剑相应的防护服，能直接将运动员包裹起来，袖口收缩很紧，前襟可以斜开，方便穿脱，防护服下摆同样是倒三角形。

重剑

在三种击剑用剑中，重剑如同其名，可谓最重，它是由决斗剑演化

帅气佩剑

而来的。

在奥运比赛中,重剑的重量最大不能超过 770 克,剑长 110 厘米,剑身横断面为三棱形。剑身的宽面最大为 2.4 毫米,剑柄长度不超过 20 厘米。护手盘比花剑大,深度为 3 厘米至 5.5 厘米,直径最大为 13.5 厘米,偏心度最大为 3.5 厘米。

由于在三剑之中,重剑的护手盘最大,所以护手盘下的软组物体积也是最大的。此外,重剑和花剑一样,在护手盘下部都有一根剑绳,而佩剑却没有。

重剑的面罩、防护服与其他两种大同小异,三种剑的面罩是由金属网制成,网眼长度不超过 2 毫米,并能承受 160 公斤重的冲击力,布质的护颈要下伸到锁骨,以保证运动员头颈部的安全,而现在国际剑联推行透明面罩,来提高击剑的观赏性。

女子个人重剑比赛

防护服由特殊材料制成,可以抗 80 公斤的冲击力,其强度足以抵挡剑的刺劈,此外,运动员还要穿上保护内衣,女子在上衣内还要穿一件护胸。短击剑裤必须长及膝盖以下,还要穿一双长袜。

不同剑种的打法

花剑

男子花剑打法

目前男子花剑的打法已向更全面的态势发展，交叉刺结合转移刺、转移刺结合交叉刺已逐渐取代单纯的甩剑打法。在激烈的交锋中动作趋于简单快速，而这种简练快速的技战术动作都是在积极的移动中创造时机完成的，其动作流畅、连贯，下剑凶、猛、狠；剑在不同的角度都能够刺出（以德国、意大利最具代表性）。一些防抢结合的选手也是利用步法的积极移动创造时机来完成技、战术动作。

男子花剑的比赛更加体现出积极主动、以攻为主的打法，现代花剑越来越突出主动意识的作用，双方在比赛中始终都力争主动并想办法控制和调动对手来完成自己的战术意图。

由于规则对花剑出手的标准要求越来越严格，进一步突出和体现了运动员动作的连续

雷声夺得男子花剑冠军

性和主动性，快速、简单的直接进攻已是一种非常有效又最常见的得分手段。在攻防转换上主要表现在控制与反控制的争夺上，进攻和还击的频率频繁。这就要求在花剑比赛中必须要有很强的移动能力和敏捷能力，能够充分利用场地控制对手将是完成技战术的重要保证。

女子花剑打法

女子花剑的打法特点也正在向男花的打法发展，在步伐的移动上则向"小"（步幅小）而"连"（连贯的方向发展，步法和挥剑都越来越简单快速）。

重剑

男子重剑打法

目前世界男子重剑对技术要求更加全面的同时还将就特长的突出性，连续的高强度交锋增加，则要求运动员应具备更强的手上能力——力量素质和瞬间爆发力，控制剑尖和刺点的能力，以及强调运动员挥剑动作的连续性。

此外，重剑比赛的节奏也在加快，双方寻求交锋、主动交锋的能力都在增加，高水平的运动员在比赛中很难见到在原地跳动消耗时间（而是步步紧逼式的打法）；因此这就要求运动员脚下的移动更要积极主动。

女子重剑打法

女子重剑发展至今，已形成了规范的技术动作，并具备了交锋及攻、防、反能力；比赛中能够积极主动地创造时机，并敢于展开近战，交锋连贯流畅，常常给对手难以喘息的压迫感，这对于运动员的连续作战体能的消耗就不断加大。

一些运动员已向男子化方向发展，强调凶狠的接触武器；出剑的速度和力量在加快，甩剑技术已应用到比赛中；攻击点在增多，形成了上、中、下的多点进攻。实践证明，掌握全面的攻、防、反技术将是女子重剑的发展趋势，同时要求运动员要具备很强的手上力量。

佩剑

男子佩剑打法

男子佩剑的打法特点趋势主要体现为：

（1）对技术动作的要求越来越严格、也越来越细致化，特别表现在动作的正确性、合理性和衔接连贯性上，更加突出动作的流畅。

（2）佩剑打法不同于花剑强调快速的攻防转换，佩剑更多的是在节奏和距离上强调变化。

（3）在步伐上突出轻巧和富有弹性；在移动上要有大范围扯动的能力（腿部力量要充沛，腿部爆发力要强）。

（4）裁判对对攻的判罚上非常严格，更强调主动意识和出手的正确性和连贯性。男子佩剑的发展将更加突出节奏的变化和动作的连贯，以及攻击的深度和攻击后的战术转换。

女子佩剑打法

女子佩剑虽然开展至今仅仅只有几年时间，但其发展是很快的，并逐渐形成了自身的技战术特点，主要体现在：

（1）在模仿男子佩剑的同时，更进一步强调了动作的力度、脚下的移动、距离的变化、时机的把握及手上连续交锋的能力。

（2）通过移动中节奏的变化和手上的干扰等欺骗动作来控制对手，并创造机会。

（3）对攻的次数在减少，而战术的运用在增加。由于佩剑自身的特点，女子佩剑的打法将向男子化发展，因此这就对运动员的腿部和手臂力量提出了更高的要求。

击剑特点

法国击剑

法国在击剑运动员领域一直是豪强，其技术特点注重美观轻巧。

法国是现代击剑发起的中心，法国击剑是典型的古典风格。早在路易十四时期就形成了自己的风格，与法兰西民族一样颇具绅士风度，讲究技术规范；动作细腻、圆滑、平稳、流畅、富有弹性。其流派特点是：美观轻巧，平稳流畅，灵活放松，冷静稳健，小心谨慎。

法国的花剑技术很规范，动作很少变形。战术精细，善于挑引、侦察和利用对手的弱点有的放矢，极少无意识的盲动。打法讲究技巧，特别注意精力的保持和体力的分配。多年来法国的男花在世界剑坛一直保持优势地位，其代表人物有"世界最佳选手"称号的戈丹等。

法国的重剑整体实力很强，以奥运会、世锦赛冠军里布和昂格里为代表，其姿势优美、手法细腻、讲究攻守结合，强调抬高护手盘和伸直手臂，并在护手盘上进行直刺和转移刺，喜欢采用大弓步进攻。在交锋中，法国人擅长引诱对方暴露弱点，抓住时机以技巧取胜。法国击剑向来以花剑和重剑为长项。其实战姿势重心在两腿之间稍偏后，持剑手心向上，剑尖指向对手眼部稍低处。

法国的佩剑自20世纪80年代初邀请匈牙利心理学博士佩齐出任教练后，着重进行了一场大变革，形成了意志强、拼劲足、步法轻快、动作灵活、善于隐蔽自己意图且战术多等特点，并由此打破了法国佩剑80年以来在世界剑坛沉寂的局面，培养出了两届奥运会、世锦赛和世界杯赛冠军拉莫尔这样的超级明星，法国佩剑也逐渐强大起来。

意大利击剑

意大利击剑流派一直遵循着严谨刚烈的风格。

意大利也是现代击剑发起的中心，除花剑、重剑为强项外，佩剑起源于意大利，不过意大利击剑是属于另一种不同于法国风格的古典派，历史悠久，在拿破仑时期深受法国人的影响。意大利的击剑融入了本民族那种热情豪放的性格，讲究动作的硬朗、刚烈，快速及主动。其流派特点是：严谨刚烈，积极主动，敢于冒险，凶狠凌厉。

在交锋中，意大利人擅长主动创造条件发起快速泼辣的进攻，并将其强加于对手，敢于运用弹跳步大胆地接近和紧逼对手，进而采取果断行动实施攻击。

意大利的佩剑素有鼻祖之称，打法积极，攻势凌厉，攻防活动范围大，观察判断能力强，能充分利用场地从远距离快速接近对手发动凶狠的进攻。意大利自16世纪起一直在佩剑理论的研究和技术上的创新上处于领先地位，长期以来培养了许多世界一流的选手，在奥运会、世锦赛、世界杯赛上不断取得优异成绩而享誉剑坛，代表人物有马林、斯卡尔佐等。

而意大利的花剑与重剑的实战姿势也近似于佩剑，剑尖指向对手眼睛上部，持剑手心向下，重心在两腿之间。优秀选手有号称"花剑皇后"的瓦尔罗尼及特利尼里等。意大利的重剑以马佐尼为代表，交锋时的意识主动，攻守技术全面，常用小跃步接近和紧逼对手，强调距离感。观察能力很强，打法简单实用。

俄罗斯击剑

俄罗斯的击剑传统是稳扎稳打在寻求获胜的良机。

苏联在20世纪50年代时强调身体素质，特别强调步法移动和动作速度，并不像欧洲其他主流国家一样注重击剑的技巧，因而成绩平平，走了很长的一段弯路。随着电动剑的出现和国际间技术的交流日益剧增，苏联在击剑领域进行了重大的改革，引进了法国、意大利和匈牙利的先进技术的同时还保留自身的体力充沛、移动快速的优势，从而形成了新的风格，讲究稳重、灵活，进退自如，其流派的特点是：稳扎稳打，体能出色，灵活多变，能攻善守。

以前的苏联和如今的俄罗斯在花剑上既掌握了古典花剑传统的技术，但又不刻板地生搬硬套，而是将力量、速度和凶狠揉合进去，成就了自己特有的风格。在交锋中的步法快速灵活，时紧时松，从容不迫，极具威胁。技术规范，动作逼真，尤其是攻击时对剑尖的力度、速度、深度控制恰当，善于创造时机强攻或在强攻的基础上以第二意图设置圈套，将敌人控制在自己的战术套路当中，稳扎稳打，后发制人，极少盲动和冒险，代表人物有西多罗瓦等。

苏联的重剑 80 年代以迪斯科为代表，90 年代以克罗克波夫和斯密特为代表。基本技术规范，实战姿势放松，移动轻快灵活，攻守俱备且攻击时真假莫测、点面结合，常使对手防不胜防。苏联的佩剑在 50 年代末引进了匈牙利的先进技术，与此同时对以往的技术进行了重大的改革。打法上能攻善守，防守能力尤为出色。50 年代末著名的选手雷利斯率先跻身世界剑坛，成为苏联的第一个佩剑世界冠军，苏联也由此跨入世界佩剑先进行列。另一个代表人物基里连科曾先后获得 4 次奥运会金牌，成为击剑史上最有成就的运动员之一。

德国击剑

德国击剑流派的传统与他们整个民族的意识有着密切的联系：不拘一格，严谨实用。

德国的击剑属自由式，动作处于法国的圆滑和意大利的硬朗之间，是击剑实用派的代表，讲究严谨实用，这与德国人生活作风是一致的。其流派特点是：不拘一格，随意自然，善于闪躲，攻防实用。

联邦德国的花剑首开甩剑刺、点刺和大角度刺之先例。交锋中对时机的捕捉和距离的控制有独到之处，喜欢运用变换姿势和身体闪躲来完成攻防行动。善丁抢占剑的有利交叉，喜欢接触对手的剑并使其处于不利状态，通过剑与剑之间密集的对碰使得对手失去对剑自如的控制能力，从而令其感到无可适从。花剑的代表人物有汉尼斯、费西杰尔等。

联邦德国的重剑曾在 80 年代末创造过辉煌的战绩。其技术实用，善于接触武器进行连续交锋，尤其是甩剑的刺点异常显得灵活，准确判断后防反能力强。这一时期的德国重剑以朴许和鲍尔曼为代表人物。

联邦德国佩剑的成绩较之花剑和重剑稍逊一些，为了使佩剑翻身，80年代中期，剑协不惜重金从匈牙利和保加利亚邀请两名教练任教，这两名教练确实不负重望，将联邦德国佩剑水平带了上去。也正因为匈牙利教练的缘由，使得德国的佩剑技战术特点颇受匈牙利的影响，在规范的基础上又不会显得呆板，自由而实用。在1985年世锦赛上，诺尔特打进佩剑个人前8名，成为德国50年以来第一人，80年代以后，德国的佩剑也开始不断地创造出优异的成绩。

匈牙利击剑

匈牙利击剑流派的风格是勇于创新，创新意识使得匈牙利在击剑世界中占据这一个重要的地位，匈牙利也不断涌现出一大批优秀的击剑运动员。

匈牙利击剑流派特点与法国流派有很多共同点，同时还学习吸收了意大利流派的技术优点，派别划分上也属于古典派。其特点是：勇于创新，技术细腻，擅长反攻，以巧取胜。

匈牙利的花剑在电动剑的试验中胆大心细，推陈出新，早年在使用和掌握、提高和适应电动剑方面比较迅速，使得匈牙利的花剑现代化技战术水平一度领先于世界水平。其击剑流派的基本技术规范，手上功夫熟练，脚步变化多，动作灵活性也很强，善于引诱反攻是其特长，不断涌现出一大批世界一流的选手和冠军。

匈牙利的重剑以斯凯利和高内恰尔为代表，同样以捕捉时机的各种反攻著称。动作放松，自然美观，比赛作风冷静、谨慎。

匈牙利的佩剑历史悠久，是得到广泛认可的佩剑发源国之一，意大利谨慎的佩剑风格也深深烙印于匈牙利的佩剑发展之路当中，对匈牙利流派的形成和发展产生深远的影响。尤其是意大利剑术专家依达罗·桑坦利在匈牙利工作了近50年，在他的帮助下，匈牙利的佩剑技术产生了革命性的转折，抛弃了陈旧的技战术，灵活多变，并率先将其推广到全世界，长期高居世界佩剑主流派的地位。在交锋中对时机和距离的判断能力高人一筹，在变幻莫测的激烈对抗中，总能找到最合适、最有利的时机，抢先刺中对手，以智取胜，对战术的要求性强。多年来曾出过很多世界级的明星，如：奥运会和击剑世锦赛的冠军科瓦契、卡尔巴、沙博等顶尖高手。

中国击剑

中国古代虽然就有剑术的传统，但是现代击剑运动的起步相对西方还是较晚，中国近年来击剑发展水平进步神速，在技战术的学习上做到了博采众长。

中国现代击剑事业发展晚于欧洲主流，但却是在博采众长中发展和壮大起来的，可谓一步一个脚印。在中国击剑发展历程中，政治因素的影响对中国击剑学习欧洲主流国家的技战术有着分不开的联系。60年代以前主要受苏联和匈牙利流派的影响。70年代以后又受法国和联邦德国流派的影响。80年代后随着对外交往的日益扩大，中国在充分学习和借鉴国外先进技术的同时，也很注意总结自己的特点，与时俱进，在对"进攻与反攻"、"先发制人与后发制人"等击剑致命性技战术问题上的理解有了清晰的认识，并且围绕着如何提高训练质量和效果，以及探索击剑运动规律的问题上展开了讨论，统一了认识，使击剑理论的建设向前迈进了一大步。正是几代人的辛勤探索和艰苦磨砺，中国的击剑在训练中逐步形成了自己的技术风格，其特点是：博采众长，积极主动，快狠准变，以攻为主，富有激情。多年来培养出了栾菊杰、谭雪、王海滨、叶冲、仲满、杨邵琦等奥运会或者世锦赛的奖牌获得者，以及梁琴、李娜、赵刚、雷声等世界剑坛名将，这些成就足以令世人瞩目，让人对中国往后的击剑运动的发展充满了期待。

PART 10　赛事组织

　　我们熟悉的重大的击剑比赛包括：奥运会击剑比赛，世界击剑锦标赛，亚运会击剑比赛以及全国运动会的击剑赛，同样欧洲、美洲等洲际也有其相对应的击剑赛事。

国际击剑联合会

　　国际击剑联合会（International Fencing Federation，FIE）简称国际剑联，1913 年 11 月 29 日在巴黎成立，是国际单项体育联合会总会成员，现有协会会员 108 个，工作用语为法语。现任主席：罗克（Rene Roch）。

宗旨

　　促进国际击剑运动的发展，增进各国业余击剑运动员相互之间的友谊，建立各国击剑协会间的经常性联系；坚持遵循"业余原则"；调查和决定有关国际关系中所有击剑问题；监督由国际剑联会员协会举办的国际比赛，执行国际剑联规则。

代表大会

　　代表大会是最高权力机构，每年召开一次。协会会员可派 1 名或多名代表到会，有 1 票表决权。会员可委托别的会员代为表决。在讨论技术问题时，会龄超过 5 年的会员有 3 票附加表决权，超过 10 年的有 4 票附加表决权。代表大会每年举行 1 次。

奥林匹克运动会期间召开特别代表大会，进行领导机构的选举。每个会员协会有 1 票表决权，可以委托投票。技术问题表决权，根据技术水平和会员的多少，会员协会有 1～4 票不等的表决权。国际剑联的领导机构为执行委员会。执委会由主席、两名副主席、秘书长、秘书兼司库和 6 名委员共 11 人组成。正、副主席和 6 名委员须经代表大会选举产生，任期 4 年。执委会每年至少要召开 1 次全体会议。国际剑联日常事务由执行局负责处理。执行局由主席及由他指定的与他同国籍的秘书长和秘书兼司库组成。

执委会

执委会是代表大会闭幕期间的领导机构，由主席、两名副主席和 8 名委员组成，成员均经选举产生，任期 4 年。选举在奥运会之后一年内进行。执委会会议每年不少于一次，主要任务是：研究举办击剑世界锦标赛的申请并向代表大会推荐；准备国际剑联的年度工作报告；准备各委员会和代表大会会议文件。

执行局

执行局由国际剑联指派的 4 人组成，负责处理联合会的日常工作。执行局由正副主席、秘书长和总司库组成。执行局的主要任务是：完成联合会的任务；监督会员执行联合会制定的章程和所作的决议；为各委员会和代表大会作准备；反映协会会员的意见。执行局向代表大会提交工作报告，以供讨论和批准。执行局通过信件和月刊向协会会员通报所有紧急问题。

组织机构

代表大会是最高权力机构，每年召开一次。协会会员可派 1 名或多名代表到会，有 1 票表决权。会员可委托别的会员代为表决。在讨论技术问题时，会龄超过 5 年的会员有 3 票附加表决权，超过 10 年的有 4 票附加表决权。执委会是大会闭幕期间的领导机构，由主席、两名副主席和 8 名委员组成，成员均经选举产生，任期 4 年。选举在奥运会之后一年内进行。执委会会议每年不少于一次，主要任务是：研究举办世界锦标赛的申请并向代表大会推荐；准备国际剑联的年度工作报告；准备各委员会和代表大会会议文件。

国际剑联设下列专门委员会

规则委员会、裁判委员会、会员分级委员会、电子信号和装备委员会、宣传委员会、医务委员会、佩剑发展专门委员会等。经费主要来自会员缴纳的会费。

月刊

出版月刊《击剑》，内容包括世界锦标赛和世界青年锦标赛成绩，以及有关各国击剑运动等方面的信息。国际正式比赛日程在代表大会召开之前由宣传委员会编制。会员可对比赛提出自己的看法，日程最后由代表大会批准。奥运会年只进行世界（成年）锦标赛，其他的锦标赛和杯赛暂停。

奥运会和世锦赛的组织

奥运会击剑和击剑世锦赛比赛由国际剑联直接参与领导和组织。国际剑联组织委员会由承担比赛组织任务的全体工作人员组成。在奥运会和世锦赛比赛期间，国际剑联办公室为了确保能够观察比赛规则的实施情况，国际剑联主席或由他指定的国际剑联办公室的成员有权参加组委会技术指导处的所有会议，技术指导处在每次会议之前都必须通知他们。而技术指导处负责监督和指导每次比赛的实际组织工作，使得比赛规则得到全面的实施，保证比赛的进行。技术指导处具有裁判权、调解争端、处罚决定、受理申述等权力。

比赛的裁判人员由国际剑联执委会根据裁判委员会的建议，选定裁判员组成击剑比赛的裁判团，裁判员的食宿和旅行由国际剑联或赛会承担。记分员、计时员、仪器管理人员、器材专家、维修人员共同组成赛会专业的工作人员组织确保比赛的正常运作。

中国击剑协会

中国击剑协会是中华人民共和国体育总局领导下的单项运动协会之一，1973年成立，办公地址设在国家体育总局自行车击剑运动管理中心，具体位于北京市石景山区。1974年5月17日在摩纳哥蒙特卡洛举行的国际击剑联合会代表大会上，中国击剑协会正式加入了国际击剑联合会。该会下设秘书处、教练委员会、裁判委员会、竞赛委员会、科研委员会、宣传推广委员会、器材委员会。

中国击剑协会宗旨是：广泛开展击剑运动，积极采取措施，发现人才，培养后备力量，促进运动技术水平提高，为攀登世界高峰做贡献；举办教练员、裁判员训练班，审查和考核国家级教练员和裁判员的业务水平；编写运动员技术等级标准；修订、审查击剑竞赛规则和裁判法；协同有关部门研究和研制器材，促进击剑运动器材不断适应国际规则的要求与变化；组织选拔运动员参加国际的和全国性比赛活动；举办有关国际比赛。

总则

第一条　本团体的名称是：中国击剑协会，英文名称 CHINESE FENCING ASSOCIATION，缩写 CFA。

第二条　本团体是热爱本项目运动的团体和个人自愿结成的专业性、全国性、非营利性社会组织。

中国击剑协会标志

第三条　本团体的宗旨：团结全国本项目工作者和爱好者，积极开展群众性击剑活动，推动和普及本项目运动发展，不断提高本项目运动技术水平，加强与世界各地击剑界的联系，增强国民体质，推动全民健身，为社会主义精神文明和物质文明服务。本团体遵守中华人民共和国宪法、法律、法规和国家有关政策，遵守社会道德风尚。

第四条　本团体接受登记管理机关中华人民共和国民政部和业务主管单位国家体育总局的业务指导和监督管理。

第五条　本团体的住所：北京市石景山区老山。

著名击剑俱乐部

丹斯击剑俱乐部

北京丹斯击剑俱乐部拥有两条剑道及宽敞的练习休息区域。俱乐部拥有一批高水平的教练员，教练员均具有国家一级运动员资质，并拥有长期的执教经验，针对每个会员的具体情况设计训练方案，以达到身体与心理双重训练的目的。相信通过我们不懈的努力，一定可以发展中国的休闲击剑运动，并达成会员的训练目的。

丹斯教练介绍：

赵丹，女，身高 1.78 米，1982 年出生，国家健将级运动员，原黑龙江省击剑队主力队员，从事击剑运动十年，执教两年。个人技术全面，擅长重剑、花剑。曾获全国冠军赛女子重剑第四名，第九届全国运动会女子重剑第七名，黑龙江省运动会女子重剑第一名，花剑第三名等优异成绩。曾教授过美国斯坦福大学与北大交换生、马来西亚人、英国人、菲律宾人等，得到了所教学员的一致好评。个人技术全面，擅长重剑、花剑。

郑海燕，女，身高 1.77 米，1984 年出生，国家一级运动员，原北京市击剑队主力队员，从事击剑运动九年，执教两年。个人技术全面，擅长佩剑。曾获全国冠军赛女子佩剑第四名，第九届全国运动会女子佩剑第八名等优异成绩。曾教授过数十名学员，得到了所教学员的一致好评。

王燕，女，身高 1.78 米，1982 年出生，国家一级运动员，原天津击剑队主力队员，从事击剑运动十年，执教三年。个人技术全面，擅长花剑。曾获全国锦标赛女子花剑第四名等优异成绩。曾教授过数十名学员，得到了所教学员的一致好评。

张楠，男，身高 1.85 米，1982 年出生，国家一级运动员，原天津击剑队主力队员，从事击剑运动十年，执教两年。个人技术全面，擅长重剑。曾获全国锦标赛男子重剑冠军，第九届全国运动会男子重剑第四名等优异成绩。曾教授过数十名学员，得到了所教学员的一致好评。

中天击剑俱乐部

中天击剑俱乐部面积 400 多平方米的击剑馆设施一流。4 米挑高空间，照明条件优良，馆内设有3条1.6米×18米的标准剑道，是北京市一家完全按照国际专业标准而建造的击剑馆。剑道由特种金属制成，防止运动员在对抗中摔倒受伤。裁判器及相关电动设备采用国际击剑联合会（FIE）认证的专业型号，完全可以满足专业比赛的使用需求，剑馆师资力量雄厚，教练均为原专业队运动员，具有多年俱乐部执教经验，教学方式及内容经不断总结完善，更加适用于业余选手。

奋星击剑俱乐部

北京奋星击剑俱乐部成立于1999年4月，是中国第一家民营击剑俱乐部，在奋星的带动下，北京又先后成立了多家击剑俱乐部。

达威击剑俱乐部

达威击剑文化俱乐部成立于2001年，俱乐部在2004年11月份对内部环境重新装修后，增加了会员休闲区域，同时对教练员班底也加以改进，配以独具匠心的训练计划和教学内容，使会员在精彩、刺激的运动过程中，充分体验击剑带给会员的乐趣。俱乐部面积400多平方米，纯实木地板，配有专业的击剑剑道和专业比赛器械。俱乐部现有教练员4名，充分利用有利的硬件条件为会员提供个性化的教学内容，俱乐部还不定期地组织比赛活动，并邀请专业运动员进行表演赛，以增进俱乐部的会员交流。

北京轻蜂击剑社

北京轻蜂击剑社是一家由击剑爱好者用业余时间自行组建的击剑俱乐部。俱乐部并不以盈利为最终目的。主要是以推广击剑运动，让更多的朋友有机会练习击剑为己任。俱乐部不是很大也没有豪华的装修，但拥有专业的设备和国家级的教练。它坐落在在繁华的金融街上一家中学内，可以说闹中取静，是京城剑客研习剑术以剑会友的好地方。在锻炼之余还可以参加各种休闲活动，排解生活压力放松疲惫的身心。

万国（北京）国际击剑运动中心

万国击剑中心的宗旨是"发展全民健身运动，普及击剑运动文化，推动大众体育与竞技体育平衡发展"。场馆总为面积23000平方米，是目前国际上规模最大，场馆设施最齐全的击剑运动培训机构；其中有击剑比赛和击剑实战专用1号馆、击剑比赛和击剑实战专用2号馆、击剑专项技术和身体素质训练综合馆、成人击剑馆、辅助身体健身训练馆5大馆。每个场馆的单独面积为1500平方米。

同时配备有50条国际比赛标准剑道。并由60余名国家级优秀击剑运动员组成的专业化击剑教学师资团队，以"更新颖、更优质、更专业、更科学"为教学理念，不断地在教学模式上推陈出新，将资深的专业技术和现代培训理念融入对每一位学员的指导当中。力争让所有学员在我们独有的教学课程中真正体会到击剑运动所带来的魅力与乐趣。同时，为了更全面、更系统的发展学员的一般身体素质，促进学员的身体发育，提高学员的专项身体素质，塑造健美的身形、优雅的气质，更快捷地掌握击剑技术，感受击剑运动的乐趣，中心特此成立了击剑专项体适能教学小组，并借鉴国外的先进理念与经验，针对击剑项目的特点，专门制定了一套击剑专项体适能训练计划，力争让每位学员在击剑技术与体能素质上同步发展。

上海实力击剑俱乐部

上海实力击剑俱乐部成立于2003年，是上海第一家专业的击剑俱乐部。其创建者——杨先生曾是一名优秀的击剑运动员，后出国深造。凭着对击剑运动的无限热爱，杨先生带领一批有志于击剑运动的年轻人，希望将这项集高雅与刺激于一身的国际性运动项目在中国发扬光大。

广州华剑汇击剑俱乐部

华剑汇击剑俱乐部是目前广东省规模最大、教学设施最完善的专业击剑培训中心。被授予广州市击剑协会指定培训中心、广州市击剑队训练基地、广州市青少年击剑培训中心。积极进行击剑运动推广、指导、培训；策划组织竞赛活动；击剑器材销售等。北京奥运会金牌教练张永春为华剑汇总顾问，华剑拥有一支有多年教学经验的优秀师资队伍。曾冠名承办广州市击剑协会"华剑汇杯"击剑比赛、广州市"华剑汇杯"击剑挑战赛、广州市越秀区"华剑汇杯"中小学击剑锦标等。

广州剑客同盟击剑俱乐部

广州剑客同盟击剑俱乐部成立于 2003 年 6 月，是一所以广州市击剑协会为背景、广东省地区目前极具规模、最具专业性，面对社会开放的击剑俱乐部。其主要开展的业务包括：击剑技术培训及信息咨询、击剑比赛的组织、比赛场地租赁、训练及比赛场地的整体建设工程、击剑运动相关器材、装备的销售等等。剑客同盟击剑俱乐部的场馆面积达 1000 多平方米，实用训练场地环境宽阔舒适，拥有包括六条符合国际比赛标准的铝合金剑道及与之配套的先进的电子裁判记分设备、配合击剑训练的各种相关设施。目前俱乐部开设了花剑、重剑、佩剑三个剑种。

青岛润东击剑俱乐部

青岛润东击剑俱乐部 2001 年成立，位于青岛市贮水山路 2 号甲（市少年宫），俱乐部周围环境优美。俱乐部优雅舒适的剑馆，雄厚的师资力量，为专业选手、业余选手提供全方位的训练需求。青岛润东击剑训练馆古典高雅，颇具欧式风格。多条标准剑道和舒适优雅的休闲厅，可以充分满足专业剑手和业余剑手们的训练、健身娱乐活动。以击剑休闲健身的会员，可以得到专业教练精心指导。俱乐部重视培养青少年选手，以先进的训练理念，合理安排少年儿童的训练时间。

学员们在全国中学生击剑锦标赛、全国大学生击剑锦标赛、全国青年击剑锦标赛、中国黑龙江国际青少年击剑锦标赛、中国击剑协会业余选手公开赛、第二十届山东省运动会、二十一届山东省运动会、各年度省击剑锦标赛、青岛市第二届运动会等比赛中获得多项冠军和前三名，取得了可喜的运动成绩。多名学员入选大学和专业击剑队。俱乐部积极参与并组织社会公益活动，为推动青岛击剑运动的发展做了大量的工作，被青岛市多次评为诚信单位和优秀体育俱乐部。

济南万泉击剑俱乐部

济南万泉击剑俱乐部是泉城济南第一家集专业从事击剑运动的大型击剑俱乐部。剑馆使用面积400平方米，整体配套设备个性先进、规范齐全，专业训练区配备了六条国际标准的比赛剑道和专门室外活动的软性可折叠剑道两条，裁判器为意大利 Favero-5 型专业比赛裁判器，拖线盘采用德国 Uhlman，其他设备均采用国际一线品牌 AF，场馆内另配有单独的洗浴更衣以及休闲区域。

PART 11 礼仪规范

击剑比赛的礼仪

击剑比赛和任何体育竞赛一样，都是需要运动员与观众进行互动的竞赛项目。观众良好的行为举止，不但有利于顺畅地观看比赛，而且有助于运动员在场上保持良好的比赛情绪。

观众观赛礼仪

（1）观众进入和退出场地时要有序，一般要提前到达场地，这是对运动员、教练员和裁判员最起码的尊重。

（2）玻璃瓶、易拉罐饮料都是不允许带进场地的，只允许带软包装饮料进入场馆。退场时，垃圾要用方便袋或者纸袋自行带出。

（3）比赛场内禁止吸烟，观看比赛期间，观众不要在任何设施上乱涂乱画。

（4）在比赛开始时，一定要保持安静，尽量不要吃东西或互相聊天、大声喧哗。

（5）不能在击剑场馆内使用闪光灯。

（6）手机尽量关机或设置在振动或静音状态。

（7）运动员发挥得好，观众要鼓掌；发挥得不好，也要给予运动员支持和鼓励，不能喝倒彩。裁判员不仅是场上的执法官，也在一定程度上控制着比赛进行的节奏和气氛。

（8）当双方运动员交锋结束，裁判员下达"停"的口令时观众应保持安静，倾听裁判员的判罚之后，观众可为双方运动员鼓掌加油。当裁判员下达实战开始口令时观众应保持安静，使运动员能听清裁判员下达的每一个口令，以免影响比赛的正常进行。

（9）裁判有时候会比赛场上的运动员更辛苦，因为有的队员可能一场比赛结束就可以休息，而裁判员却有可能工作一整天，因此，比赛过程中，请在合适的时候为他们送上掌声。

（10）比赛结束后，为优胜者颁发奖牌同时演奏其国歌，这时候全体观众应起立并肃静。

击剑运动员礼仪

（1）绝对不能在击剑俱乐部或比赛场地内大声喧哗打闹，这样会影响到其他的运动员或者给观众留下一个不好的印象。

（2）击剑运动员自己负责自己的武器、装备、服装进行比赛，并自己承担一切后果。现行的武器、装备、服装只是为了加强击剑爱好者的安全，但不能确保安全。如出意外，只能自己承担一切后果。

（3）严禁把剑开刃和严禁把剑的头部磨尖。

（4）严禁用剑劈、刺、击打尚未穿戴好击剑服和击剑护面的任何人员。

（5）严禁用剑尖、剑刃威胁尚未穿戴好击剑服和击剑护面的任何人员。

（6）严禁在剑道之上，赤裸上身，进行轻伤决斗。

（7）严禁在击剑俱乐部内恶意挑衅。

（8）严禁着装不齐者在剑道上交锋。

（9）对手无论何种原因摔倒在剑道上时，均不可追击对手，不能违反该有的体育精神。

（10）穿好击剑服后，左手持护面，右手持剑（左手持剑者，右手持护面），剑尖向下，丁字步于剑道中线2米后站好，与对手必须同时举剑，向对手行礼；必须向裁判行礼；必须向观看者行礼。礼毕后，戴好护面。听到裁判的"准备"口令后，做出实战姿势，准备比赛。

（11）比赛过程中，必须服从裁判判决。严禁与裁判或对手争执。裁判应严格执法，必要的时候叫"停"，纠正提醒警告或者处罚运动员的不良的言行，诸如：行为粗野，动作粗暴，动作不规范，违反击剑规则，跌跌撞撞。

（12）比赛过程中，如需向裁判或对手解释，必须举手向裁判和对手示意，除去护面后，再陈述。

（13）比赛交锋过程中，严禁说话、喊叫。

（14）比赛结束时（裁判叫"停"后），在裁判员裁决期间，原地静止不动，用剑向裁判行礼，裁判员宣布比赛结束后，必须先用非持剑手除去护面，把护面夹于持剑手臂的腋下，用非持剑手与对手握手致意。并向观众行礼。

击剑的注意事项

击剑交锋前，必须充分热身，以防自伤。准备活动为：充分活动踝关节、膝关节、腕关节、肩关节、颈部、脊椎、大腿肌肉。通常的热身方式为：转动各部位关节，正、侧面压腿。热身活动时间不得低于15分钟。

热身时，动作幅度要由小到大，频率不能过快，在疲劳情况下不宜进行。弓步练习不能过多，以免肌肉韧带和关节损伤。

在击剑过程中，千万要量力而行。以防脚踝、膝部、大腿肌肉等部位扭伤、拉伤。击剑是斗智斗勇的体育活动。请勿玩儿命劈刺对手，以防给对手或自己造成不必要的伤害。点到为止，以轻、巧、灵取胜于敌。

在击剑时，心态要平和，放松全身的肌肉，呼吸自如。尤其是要注意：肩、臂、手腕关节的放松。如果精神紧张，会导致肌肉僵硬，以至于到了无法正常呼吸的地步，将直接导致运剑和步法的灵活性，并降低反应速度，且大量消耗体力。

注意身体的协调性。特指：步法与剑的协调。

击剑俱乐部礼仪

严禁在击剑俱乐部内大声喧哗打闹、争斗。

两名击剑爱好者（或运动员）之间的友好交锋叫做"实战"；如果这种交锋（竞赛）记录成绩，便叫做"比赛"。击剑爱好者自己负责自己的武器、装备、服装进行比赛，并自己承担一切后果。现行的武器、装备、服装只是为了加强击剑爱好者的安全，但不能确保安全。如出意外，只能自己承担一切后果。

严禁把剑开刃和严禁把剑的头部磨尖。

严禁用剑劈、刺、击打尚未穿戴好击剑服和击剑护面的任何人员。

严禁用剑尖、剑刃威胁尚未穿戴好击剑服和击剑护面的任何人员。

严禁在剑道之上，赤裸上身，进行轻伤决斗。

严禁在击剑俱乐部内恶意挑衅。

严禁着装不齐者在剑道上交锋。

对手无论何种原因摔倒在剑道上时，均不可追击对手。

穿好击剑服后，左手持护面，右手持剑（左手持剑者，右手持护面），剑尖向下，丁字步于剑道中线 2 米后站好，与对手必须同时举剑，向对手行礼；必须向裁判行礼；必须向观看者行礼。礼毕后，戴好护面。听到裁判的"准备"口令后，做出实战姿势，准备比赛。

比赛过程中，必须服从裁判判决。严禁与裁判或对手争执。裁判应严格执法，以利于业余击剑爱好者内在素养的提高。及时叫"停"，纠正提醒警告业余击剑爱好者不良的言行，诸如：行为粗野，动作粗暴，动作不规范，违反击剑规则，跌跌撞撞。

比赛过程中，如需向裁判或对手解释，必须举手向裁判和对手示意，除去护面后，再陈述。

比赛过程中，严禁说话、喊叫。

比赛结束时（裁判叫"停"后），在裁判员裁决期间，原地静止不动，用剑向裁判行礼，裁判员宣布比赛结束后，必须先用非持剑手除去护面，把护面夹于持剑手臂的腋下，用非持剑手与对手握手致意。并向观众行礼。

注意：击剑起源于决斗。决斗被视为非法，遭到禁止后，击剑手之间，为了解决纠纷，遂即改为轻伤决斗。前期的轻伤决斗，不戴护面，赤裸上身，以身体上的伤口多寡，决定胜负；后期，改为戴护面，赤裸上身，进行决斗。即使是在今日的现代社会中，轻伤决斗也是时有所闻。1926 年的奥运会，两个击剑手在冠亚军的争夺战之后，不服裁判判决，遂在赛后，又进行了一场轻伤决斗，以决一雌雄。作为一项体育运动，击剑非常不同于其他体育运动，由此可见一斑。

教练员临场指导

临场指挥的要求

（1）教练员要态度沉着、头脑清醒、意志坚定、不为场上的一剑一分所左右到思绪，不轻易显露出高兴或者愤怒的情绪。尤其是队员连续失误心情紧张的时候，教练员更应该以沉着冷静和充满信心的形象展现在运动员面前，给予运动员信心，鼓励运动员重新振作。在临场指挥中教练员切忌东张西望、厉声呵斥运动员。

（2）迅速、准确地发现问题，并能果断、大胆地去解决问题。

（3）教练员指挥所用的语言要简洁易懂，精确有力。切忌在场外大声吆喝、手舞足蹈，这样会干扰裁判的同时也会干扰到运动员的发挥，同时也会引起观众的不满。

（4）正确处理与运动员的分歧问题，当教练员和运动员在技战术问题上发生分歧的时候，应该允许运动员临场的应变能力，相信运动员的能力，避免造成运动员思想上的负担和战术上的混乱。

临场指挥的内容

（1）充分调动运动员的积极性和创造性

调动运动员的积极性和创造性是临场战术指挥非常重要的内容。有些时候，运动员会出现紧张、思想包袱、胆怯的情况，这样会直接导致水平的发挥不正常而落败，这时候教练员应该为运动员进行适当的鼓励，鼓舞士气，激发运动员的斗志。比赛是复杂而又艰难的过程，比赛中不能随意暂停，比赛进行的过程中也不允许教练员进行指导，比赛出现比分领先或者落后、裁判判罚不公、技战术运用不合理、对方无理、观众捣乱的情况时，容易给运动员带来精神上、心理上的压力，教练员应根据不同的情况适时送上一块毛巾或者说上鼓励的话又或者一个坚定的眼神，都可以起到稳定运动员情绪的作用。

（2）注意战术指导思想或基本打法的应变

比赛场上战术变化多，无法预测，教练员临场注意力必须高度集中，抓住关键。对于一时拿不准的情况，应该注意赛事发展过程中积累的信息进行分析，切忌轻率行事；而对于明显的问题就应该当机立断地做出决策，引导运动员；特别是注意开场后和结束前的一分钟时间的场上情况，这对于一场比赛的胜负起到关键性的作用。击剑比赛开始后，教练员应当迅速对对手的意图、战术目的、攻防两端的情况都进行仔细的观察，抓住其主要的矛盾，尽快做出较为明确的分析和正确的决策，才能有利于本方运动员的战斗。

（3）加强对运动员心理的指导

运动员在比赛中的心理幻化是极为复杂的，必须采取实事求是的态度。在比分领先、落后或者相互僵持的不同情况的时候，运动员都会有不同的心理反应。而同一个运动员也会因比赛规则和对手的不同而产生不同的心理反应。实战中，注意把握好运动员的心理指导和技战术指导的密切结合。

（4）团体赛中要适时换人

击剑的团体赛只有一名替换队员，而且换人只有一次机会。换人其实也是对战术进行调整的最佳时机，教练员必须谨慎行事。换人策略运用有几种情况：对方领先、我方被动，需改变打法的时候；某一队员作风不好造成较大的影响的时候；为了有意识的培养新生力量、有计划的锻炼新队员的时候；运动员的技战术风格被对手所克制的时候等。教练员在换人的时候，应该果断，尽可能早地通知替补队员，使队员明确场上的任务，注意观察场上的情况，做好比赛的充分准备。

（5）与裁判员交涉的艺术

临场指挥主要消除队员对裁判员不公正判决的不满和内心的气氛。就要求教练员很好地利用规则，把握有利的时机，善于和裁判员进行带有艺术和技术性的交涉。切忌对裁判员有不礼貌的言行，更不能干扰比赛的正常进行。要注意区分裁判员判决的尺度不同还是有意进行不公正的判罚。前者就应该提醒运动员要适应裁判员的判决，后者就应该通过正常的手续向仲裁、技术委员会上诉，使其监督裁判员的工作，向裁判员施加压力。一名充满信心、具备有高素养的教练员会有助于裁判员对其产生理解和尊重，从而使得裁判员公正地执行裁判工作。

（6）要勇于承担责任。

无论是多么优秀的运动员，在某些比赛中难免会出现某方面的错误，对于这些错误，教练员应该要勇于承担责任，只有这样，才可以把运动员从思想包袱和自责中解脱出来，也可以更好地调动运动员竞技的积极性。

观看轮椅击剑比赛

观看轮椅击剑比赛对观众的要求与观看健全运动员击剑比赛对于观众的要求基本一样，只是在细节上会有特殊要求。

击剑运动是讲究礼仪的一项运动，不仅仅要求运动员要按照赛事自身的规则要求进行竞技，同时也对观众的文明举止有较高的要求。在观看比赛之前，观众应该事先学习一下击剑比赛的一些简单的规则，例如得分规则和简单装备知识等。在轮椅击剑比赛中，假如在一旁观看的观众不懂比赛规则，就有可能在叫好的时候出错。所以，争做轮椅击剑运动文明观众的第一条准则就是要明白轮椅击剑比赛的得分标准，搞清楚什么灯亮了是得分了；而哪种情况下，亮灯却意味着无效进攻。

运动员在赛场上英姿勃发、斗志昂扬，动作灵活犀利，具有非常强的观赏性。这些精彩的场面往往都能激发观众的激情与热情，但是，观看轮椅击剑赛事，观众应该注意把为运动员呐喊助威的热情和掌声在适当的时候合理地显现出来。跟很多赛事一样，轮椅击剑比赛的赛场也需要保持安静，尤其是在主裁判宣布比赛"开始"时，观众就必须安静下来，这样才能够帮助运动员营造一个可以全神贯注进行比赛的优质环境。

　　作为一名文明的观众，在选手们奋力搏击的时候就应该注意不要走动、说话，更不能出言侮辱嘲笑残疾运动员。否则，如果赛场环境比较混乱，主裁判有权暂停比赛，环视赛场以强调赛场秩序。如果运动员有出色的表现，做出了精彩的技击或躲闪时，请您在主裁判喊"停"后再喝彩欢呼。无论裁判器是否亮灯，只有主裁判喊"停"，这一轮交锋才告结束。为了能使运动员们集中注意力发挥出最好的状态和最高的水平，避免无谓身体伤害，观众们在轮椅击剑赛场欣赏优雅激烈的比赛时，观众必须学会保持安静，同时坚决不要使用闪光灯，不然会分散参赛选手的注意力。

PART 12 明星花絮

伊伦娜·埃列克

伊伦娜·埃列克可以说是击剑运动历史上著名的不老传奇。她第一次参加奥运会时已经 29 岁，在 1936 年德国柏林举行的第 11 届奥运会上，她参加了花剑比赛。并且在决赛中击败了上一届奥运会冠军德国名将玛雅成功问鼎金牌。

接下来的两届奥运会因为第二次世界大战的原因被迫取消了，等到

伊伦娜·埃列克夺得冠军

1948 年英国伦敦奥运会开幕时，已经距离上次奥运会有 12 年。在这届奥运会上，埃列克是两位柏林奥运会的卫冕成功的金牌运动员之一。能在中断十二年后再次登上奥运金牌的领奖台本身就是非常了不起。但更有戏剧性的是在倒数第二轮中，她先以 0：2 落后，随后连得 4 分，成功实现逆转。1952 年，埃列克再次参加了芬兰赫尔辛基的夏季奥运会，尽管已经 45 岁了，但她仍然连赢 20 回合，只是在最后的决赛中以 3：4 不敌对手，取得一枚银牌。

朱里奥·高迪尼

朱里奥·高迪尼 1924 年第一次在巴黎参加了夏季奥运会的花剑比赛，在最后一轮中，意大利队因为抗议裁判的判罚，放弃了比赛，高迪尼在巴黎也没能获得奖牌。在接下来的三届奥运会上，他夺取了三枚金牌、四枚银牌和两枚铜牌。1928 年的阿姆斯特丹奥运会上，高迪尼带领意大利花剑队以 30：2 的优势取得胜利。两天后，他在个人花剑项目上夺取一枚铜牌。1932 年洛杉矶奥运会上，高迪尼同时参加了花剑和佩剑两个项目。意大利队在花剑团体比赛中不敌法国队，但

朱里奥·高迪尼

高迪尼在花剑个人项目上又获得了一枚铜牌。在接下来的一个星期中，他在佩剑团体和个人比赛中都获得了银牌。1936 年柏林奥运会，高迪尼仍然参加了花剑和佩剑两个项目的角逐。在花剑团体比赛中，意大利队取得了创记录的 104 胜 19 负的成绩，并最终击败法国队夺取金牌。两天后，高迪尼在花剑个人项目的比赛中击败其他的对手，赢得了自己唯一的一枚个人项目金牌。随后，他和他的队友在佩剑团体比赛中不敌匈牙利，夺取银牌，高迪尼随后又在佩剑个人项目名列第六。

阿拉达尔·格雷维奇

阿拉达尔·格雷维奇

奥运会历史上，只有一名选手曾6次夺得同一比赛的金牌，曾经在6届奥运会上都有金牌进账，这个人就是匈牙利击剑运动员阿拉达尔·格雷维奇，他注定是击剑史上成绩最为突出的传奇之一。

格雷维奇1910年出生在匈牙利亚斯贝雷尼市，他从小就非常热爱击剑运动。1932年洛杉矶奥运会，22岁的格雷维奇首次代表匈牙利队参加奥运会，他与队友一起夺得男子佩剑团体金牌。1936年柏林奥运会，格雷维奇第二次参加奥运会，他在比赛中取得17：2的领先优势，帮助匈牙利队蝉联了佩剑团体冠军。在随后进行的佩剑个人比赛中，格雷维奇还夺得一枚铜牌。

但第二次世界大战爆发，随后的两届奥运会也都被取消，格雷维奇也失去了展示他精湛剑术的舞台。战后首届奥运会1948年在英国伦敦举行，38岁的格雷维奇第三次参加，他不仅第三次夺得佩剑团体比赛的金牌，还在佩剑个人比赛中取得19胜1负的战绩，首次夺得该项比赛的金牌。

在夺得4枚奥运会金牌后，格雷维奇仍然没有退役的打算，他继续参加了1952年赫尔辛基、1956年墨尔本和1960年罗马奥运会，又夺得男子佩剑团体比赛的 3 枚金牌和个人赛的 1 银 1 铜，将自己的奥运会奖牌增加到 10 枚。

此外，格雷维奇的妻子、儿子和岳父也都是奥运会奖牌获得者，他退役后成为一名击剑教练，并培养出一大批世界一流的击剑选手。为表彰他在国际击剑运动中做出的卓越贡献，国际奥委会在 1988 年授予他奥林匹克勋章。

阿拉达尔·格雷维奇微笑致意

克里斯蒂安·鲍埃尔

"当今世界上最著名的佩剑教练"对克里斯蒂安·鲍埃尔来说当之无愧。他给中国带来了快乐击剑训练理念，带领队员不断夺冠。指导他的中国弟子仲满打败自己的法国同胞，夺得中国男子击剑选手第一枚奥运金牌。

克里斯蒂安·鲍埃尔 1951 年出生，中国政府"友谊奖"获奖专家。他成为中国击剑首位外教，对中国击剑运动的发展做出了极大的贡献。

自 2006 年 8 月来华执教，担任中国男女佩剑队总教练，鲍埃尔全身心地投入到队伍的教学、管理工作当中，给中国带来了快乐击剑训练理念：他刚上任做的第一件事就是给运动员放假，让他们停止繁重的训练，放假休息，这一举动是史无前例的，也是疯狂的，当然也是成功的。

克里斯蒂安·鲍埃尔是运动员出身，曾获得过世界冠军。2000 年

悉尼奥运会前，他一直担任法国佩剑国家队主教练，并带领队员获得悉尼奥运会男子佩剑团体第二名；随后，鲍埃尔接受意大利国家队邀请，担任意大利佩剑主教练，并率领弟子获得2004年雅典奥运会佩剑个人冠军。

克里斯蒂安·鲍埃尔十分重视团队精神的培养，经常主动放弃乘飞机的待遇，和运动员一起坐火车出差。带队去法国比赛，也从不放下队伍自己回家，以自身的实际行动营造团队

鲍埃尔

精神。经过他的指导，2008年8月12日，中国运动员仲满对决法国选手洛佩，在男子个人佩剑决赛中成功夺冠，为中国击剑队在1984年栾菊杰后再次获得一枚奥运金牌，也为中国男子击剑选手获得第一枚奥运金牌。法国教练指导自己的中国弟子打败了自己的同胞，其高尚的职业道德情操、无私的国际主义精神得到了中国人民的一致肯定和称赞。

在他执教的过程中，中国佩剑队在多哈亚运会上包揽男女佩剑个人和团体4枚金牌，在2007年亚锦赛上再次囊括4枚金牌，取得了中国佩剑队在历届亚运会和亚锦赛上的最好成绩。在2006至2007年度女子佩剑世界杯赛中，中国队员谭雪获得6站个人冠军，女佩团体于2007年首获世界杯团体冠军，2007年在男子佩剑世界杯大奖赛中，选手王敬之获个人冠军，中国男子佩剑运动员首次获得个人世界冠军。

作为在意大利和法国两大击剑超级强队里执教过的成名教练，主攻佩剑的鲍埃尔的到来，让中国队中实力最为薄弱的男子佩剑陡然成为北京奥运会上最为耀眼的项目，仲满历史性的金牌证明了鲍埃尔的价值，

而仲满在半决赛和决赛击败的都是法国选手，这让许多普通中国人都对法国人鲍埃尔更添好感。

2008年北京奥运会男子佩剑的个人决赛赛场上，中国选手仲满在最后关头连得6剑，击败法国对手取得中国乃至亚洲选手在奥运会历史上的第一枚金牌！仲满夺冠，宣布了欧洲选手在世界剑坛长时间占据霸主地位的局面已经一去不复返。

中国佩剑队的法国籍总教练克里斯蒂安·鲍埃尔终于按捺不住，他抑制不住内心的激动跪倒在剑台下。从2006年7月起开始担任中国佩剑队总教练的法国人鲍埃尔，在中国的土地上，把自己的名字写进了历史。

此前中国队已在本届奥运会上取得了12枚金牌，但只有男子佩剑金牌是中国队从来没有得过的。在决赛中败在仲满手下的，正是鲍埃尔的法国同胞洛佩。

在鲍埃尔的亲手指点下，法国人冲击北京奥运首金的希望被法国人亲手扑灭。但包括洛佩在内的法国队仍然向鲍埃尔和仲满表示祝贺。或许击败祖国的代表队有一丝的遗憾，但在鲍埃尔和仲满紧紧拥抱的那一刻，属于全人类的奥林匹克精神早已经超越了国界、种族和得失成败。

观看比赛的鲍埃尔

赛后，网友在网上进行了热烈的讨论，纷纷力挺鲍埃尔高尚的职业道德和奥林匹克精神。这位法国教练指导自己的中国弟子打败了自己的同胞，其高尚的职业道德情操、无私的国际主义精神得到了国人的一致肯定和称赞。

更有网友将鲍埃尔的经历与郎平相比较，呼吁国人用更加宽容、更加成熟的心态来对待中国的"海外兵团"。

男子佩剑的决赛过后，有心人将仲满的姓名拆开细解后发现，他的名字本身赫然就是"中法组合"的结果：仲满姓氏的一部分、中国的"中"加上他的名字的一部分、法国的"氵"。有人说，正是这种奇妙的结合，历史时刻的创造才显得如此神奇。

高水平的外国教练正越来越多、越来越广地活跃在中国体育界的各个领域，他们不仅极大地提高了运动项目的水平，还利用自己的影响一步步地引导国民心态走向成熟，这才是实实在在的神奇。

有人把他称为击剑界的"希丁克"——在法执教10年，2000年悉尼奥运会，鲍埃尔带领法国队夺得两枚金牌；执教意大利队6年，2004年雅典奥运会，他又把意大利队员带到了佩剑个人的最高领奖台。而在中国，短短3年间，他改写了中国佩剑队历史。

回忆初到中国时的情景，鲍埃尔惊讶地发现，"中国运动员训练量很大，但是忽略了训练方法。我教他们如何分配时间。他们开始变得独立，在一些事情上开始自己拿主意了。总的来说中国人不是很开朗，有点害羞。我的首要任务是让他们克服这个缺点，同时在乏味的训练中给他们一些新鲜感，让他们对训练产生兴趣。"

鲍埃尔擅长模仿，几乎队里的每一名教练和队员都被他"整"过。训练量较大时，疲惫的队员走路姿势不那么自然。当队员在前面一拐一拐的走路时，他就悄悄在后面模仿，而且模仿得颇有神韵，这让走在更后面的教练都忍俊不禁大笑起来。鲍埃尔这套独创的恢复办法十分有效，队员马上会忘掉训练的艰苦和单调。"我想让他们从中体会到击剑带来的乐趣与生活气息。"

赛场上的鲍埃尔，喜怒全写在脸上。鲍埃尔要求队员无条件服从指令训练，不许问为什么。"我想不通。"有队员向领导反映，但鲍威尔依然我行我素。多哈亚运会，鲍埃尔执教不到半年，就拿下了男女佩剑团体、个人的全部金牌。自此，对鲍埃尔的执教方式，队员们再没一丝怀疑。"我是否有什么神奇的方法？我不觉得。我有自己独特的哲学。我观察队员的不足，然后改进缺点，最后赢得胜利……我相信，中国选手的身体条件、思维意识都不比欧美选手差，他们只是没有被很好地培养出来而已。"鲍威尔说道。

仲满与恩师鲍埃尔国人克里斯蒂安·鲍埃尔有一套奇特的激励手段。他在位于北京老山的中国击剑队训练馆中，曾经挂上一枚雅典奥运会金牌的复制品，以激励他的弟子们在北京奥运会上勇夺金牌。如今，仲满的成功，再次证明了他的神奇。

在悉尼奥运会上，他率领法国队获得了团体亚军。在雅典奥运会上，他一手调教的意大利弟子蒙塔诺获得了个人冠军。在北京奥运会上，在他手下待了两年的仲满也得到了奥运会金牌。奥运会冠军不仅属于他的弟子们，同样也属于他自己。

鲍威尔和仲满

仲满在获得奥运会冠军后，首先感谢的就是鲍埃尔。"我感谢我的教练，他是世界上最优秀的教练。是他带给了技术和信心，我把这枚金牌献给他。"

2006 年 8 月，鲍埃尔与中国签约，中方对他的要求只有一个：为中国队在北京奥运会上带回一枚久违 24 年的击剑金牌。他的到来，为中国佩剑队带来了让人耳目一新的训练理念——"快乐击剑"。他一到任，第一件事就是给运动员们放假，让他们从繁重的训练任务中能够解脱几天，恢复伤情。

与他搭档的中方教练张永春深有感触地说："他的训练方法和手段，与中方教练的相比，确实不一样。"

年轻队员包盈盈认为，鲍埃尔提出的快乐击剑理念，使得大家的心态慢慢发生了变化，以前大家对比赛结果看得很重，但是现在更注重于享受过程。参加过雅典奥运会的周汉明说，鲍埃尔给大家带来了技术和信心。

除了改变心态之外，鲍埃尔的临场指挥能力，也是仲满赢得决赛胜利的关键因素。鲍埃尔赛后告诉新华社记者："仲满在比赛的前半程，等待的时间太长，而法国人是擅长这种打法的，仲满相当于进了对方的圈套，所以中场休息时，我告诉他要打出速度来，所以他成功了。"

仲满赢得比赛胜利后，鲍埃尔跳上了剑台，情不自禁地亲吻自己的爱徒。他的翻译邵静后来告诉记者："其实在比赛过程中，鲍埃尔挺紧张的，只是他一直没有丧失信心。"

客居北京的鲍埃尔，目前住在北京老山击剑基地附近的一套公寓里。他的闲暇时光，是与中国队的教练们一起泡吧，或者打高尔夫。

马可·马林

意大利佩剑运动员马可·马林被称为佩剑守护者，他于1984年在美国洛杉矶第一次参加奥运会击剑比赛。在半决赛中他以10∶4击败法国运动员赫维后，在决赛中与另一名法国击剑运动员拉默尔争夺金牌。在比赛的开始阶段，马林以5∶9落后，随后他奋起直追，但最终仍以11∶12遗憾败北，与金牌无缘。在洛杉矶，马林还在佩剑团体赛中帮助意大利以9∶3击败法国队夺得金牌。

1988年汉城奥运会上，马林的表现不如洛杉矶抢眼，他在个人项目中名列第14，在团体比赛中夺得铜牌。四年后的西班牙巴塞罗那奥运会上，马林在淘汰赛中再次不敌法国运动员拉默尔，但是在半决赛中，他们又相遇了。这一次，马林终于以 6：4 和 5：3 击败多年的老对手拉默尔，闯入决赛。决赛中，他遗憾地负于匈牙利运动员，只获得银牌，这使他奥运生涯的奖牌总数达到四枚。

费希西尔

马可·马林

费希西尔出生在联邦德国的陶贝尔比绍夫斯海姆市，这个城市是当时联邦德国最大的击剑中心所在地。人们酷爱击剑运动，几乎所有的男孩和女孩都希望在击剑运动中试试自己的能力。费希西尔在 9 岁开始自己的击剑生涯，总共花了三个月的时间学习击剑基本动作，然后就开始持剑参加比赛。

费希西尔在一家家具厂的广告处工作，工作之余每天坚持击剑训练 4 个小时，除击剑运动之外，她还喜欢骑自行车和打排球。她是一个进攻型的选手，具有出色的身体素质和开朗的性格。她始终认为从事击剑运动尤其是在那变幻莫测、拼杀激烈的赛场上可以充分展示自己的性格。

费希西尔在一系列国际重大赛事中成绩优异，曾夺得 1988 年第 24 届汉城奥运会女子花剑冠军，以及 1986 年第 33 届和 1990 年第 36 届世界击剑锦标赛女子花剑冠军。成为 20 世纪 80 年代世界剑坛最优秀的女花选手之一，被誉为"女花皇后"。

亚历山大·罗曼科夫

被誉为"剑坛常青树"的罗曼科夫1953年出生于远离明斯克的一个小乡村。在他少年时代，教练员阿列克谢耶夫基发现了小罗曼科夫，从此他便开始了漫长的击剑生涯。

罗曼科夫是前苏联国家击剑队队长，也是全队的核心。他是20世纪后半期国际剑坛最杰出、最具特色的运动员之一。从1974年第一次在法国举行的第22届世界击剑锦标赛上露面并惊人地拿下男子花剑冠军至今，在击剑项目中他所取得的成就足以让后人景仰：他5次夺得世界冠军，5次夺得欧洲杯赛冠军，6次夺得全苏比赛冠军。在各种重大国际比赛（包括世锦赛、奥运会）中，他所获得的奖牌总数居第一。而在20世纪70年代的世界花剑领域几乎是罗曼科夫一人独霸天下的境地，那时候的罗曼科夫年轻气盛、所向披靡。

到了80年代，罗曼科夫依然剑气逼人，骁勇不减。1987年罗曼科夫获得了5年一度颁发的马尔蒂尼奖，此奖主要颁发给5年中夺魁次数最多的选手。这也是罗曼科夫运动生涯中最为璀璨的一页。1988年35岁的罗曼科夫依然代表着苏联国家队参加了第24届汉城奥运会，为苏联队夺取了男子花剑团体冠军。进入90年代，年近40的罗曼科夫依旧是宝剑未老。在1991年法贝尔热世界杯积分赛中再次夺魁。1992年罗曼科夫又出现在第25届巴塞罗那奥运会的赛场上，似乎要用自己的生命告诉世人：罗曼科夫就是世界剑坛史上的永远都不会衰老的"常青树"。

维克多·克罗沃普斯科夫

　　1948 年 9 月 27 日，被誉为"神奇剑客"的运动员苏联维克多出生在莫斯科一个普通工人的家庭。他自幼聪明好学，特别喜欢体育运动，尤其是对击剑情有独钟，他渴望有一天自己也能像那些驰骋在剑坛的剑客一样挑战巅峰。1964 年维克多被莫斯科青少年体校的教练员列夫·柯列什科夫看中，此后便在柯列什科夫的指导下正式开始了辉煌的击剑运动之旅。1968 年夏天，维克多由工学院转到体育学院专攻击剑专业，在体育学院，维克多如鱼得水，他整日都在训练馆进行艰苦的练习，几乎无时无刻都能在击剑训练场看到维克多矫健的身影。

　　1968 年维克多在国际剑坛上开始崭露头角，第一次登上世界青年锦标赛佩剑个人冠军的领奖台。此后，维克多又正式拜前苏联击剑名宿特施勒为师，不久又转到马克·拉基塔门下，在拉基塔悉心指导和严格的训练下，维克多的击剑技艺日渐成熟。虽然维克多曾被苏联国家队拒绝长达 5 年之久，但是经过他自身不懈努力最终还是成功挤进人才济济的苏联击剑国家队。但是作为无名小将的维克多面对一大批名扬天下的剑坛前辈，并没有感到灰心失落，而是加紧勤学苦练，每天都进行长时间的大运动量的训练。正是由于他的这种韧劲和努力，才使得他在1976 年第 21 届蒙特利尔奥运会上，击败了队友纳茨雷莫夫和西佳克，夺得奥运会佩剑金牌。

　　正当维克多要展翅高飞的时候，在 1977 年的一次佩剑比赛中不幸跟腱断裂。这对一个击剑运动员来说是致命的，随时可能影响到运动员的整个职业生涯。但是维克多并没有就此沉沦。而是以惊人的速度从头开始锻炼，难以想象在半年之后他就成功复出出现在击剑的赛场上。

1980 年 7 月在莫斯科第 22 届奥运会上他战胜了队友布赫塞威，再次获得佩剑个人冠军，人们不得不惊叹维克多是一个"神奇的剑客"。

栾菊杰

栾菊杰，中国体育史上的传奇人物，著名女子花剑运动员，在 1984 年洛杉矶奥运会上为中国赢得第一枚击剑金牌，现旅居加拿大。2008 年北京奥运会，50 岁"高龄"的她重披战袍。

奥运冠军栾菊杰

1973 年栾菊杰进入南京业余体校的时候进行的是羽毛球训练，后来才改为击剑。1974 年 5 月在北京举行的全国击剑比赛中奇迹般地夺下了女子花剑个人亚军，那年她 15 岁，刚刚学习击剑运动 4 个月。1975 年进入江苏队，1976 年第一次夺得了全国冠军。

栾菊杰真正扬名于世界是在 1978 年西班牙马德里的第 29 届世界青年锦标赛上。在前 3 轮小组比赛中，名不见经传的栾菊杰锐不可挡，14 场比赛赢下了其中的 12 场，以绝对的优势进入到半决赛，并以悬殊的比分击败了前苏联名将蒂米特朗打入决赛，引起了剑坛不小的轰动。因为当时自 1896 年第一届奥运会设立击剑项目到 1978 年将近半个世纪，国际剑坛一直都是欧洲人的天下，整个亚洲一直都没有一个人能进入到世界大赛的决赛的行列，纵然是青年锦标赛。一场比赛当中，栾菊杰和前苏联的扎加洛娃对阵，在激烈的交锋中，对方的断剑刺穿了栾菊杰的

138 PART 12 明星花絮

持剑臂，使得她的持剑臂已经麻木僵硬，按规定，栾菊杰当时完全可以要求暂停比赛，检查伤势。但是她深知历史的重任和祖国的荣誉，强忍伤痛，锐气不减，以微弱的优势战胜对手。在世青赛上，栾菊杰最终获得女花亚军。

此后，栾菊杰不断征战，连连折桂。1978 年夺得第 8 届亚运会女花冠军；1981 年夺得第 27 届世界锦标赛女花亚军；1983 年在国际女花比赛中名列榜首；1984 年在第 23 届世界杯赛上再度夺魁。她在第 23 届洛杉矶奥运会上过关斩将勇夺女花金牌，成就了辉煌了击剑生涯。

训练中的栾菊杰

1988 年汉城奥运会后，身患急性肾炎的栾菊杰正式退役了，当时她有两个选择——在国家队当教练或是到江苏省体委任职。但栾菊杰却选择了出国留学。栾菊杰解释，当时不想继续夫妻两地分居——她的丈夫顾大进在江苏省广播电视厅工作。另外，她对仕途又没兴趣。

那时的栾菊杰心中已有了新目标——进入国际剑联工作。在十几年的击剑生涯中，栾菊杰没少在裁判问题上吃亏，在她眼里这是因为在国际剑联里没有自己人，而要进入国际剑联首先需要的是语言，所以栾菊杰退役后就想到了出国留学。

栾菊杰的想法得到了江苏省体委领导的支持，很快她就办理好了各种手续，于 1989 年年初登上了飞往加拿大的航班，而目的地是阿尔伯塔省埃德蒙顿。她曾在埃德蒙顿参加过 1983 年世界大学生运动会并夺得了金牌，当时的比赛恰好就在阿尔伯塔大学举行，该大学也马上为她开出了数额最高的全额奖学金，于是栾菊杰就来到了这座当时没有几个中国人知道的加拿大城市。

我在这工作了18年，却没有签署工作合同。虽然去美国可以赚更多钱，但在这我更开心。带着一个远大的目标来到加拿大，但栾菊杰的留学生涯却没有持续几天。一方面是语言上的问题，每天在教室里听"天书"让她感到枯燥无比；另一方面是她很快就找到了两份兼职工作——阿尔伯塔省击剑协会为她提供了当地大学击剑教练的工作，而她的干爹也为她联系到埃德蒙顿击剑俱乐部的教练工作。重操老本行当然比读书来得轻松，于是几个月内栾菊杰的身份就由国际留学生变成了移民——1989年5月栾菊杰和她丈夫向加拿大移民局提出了移民申请，三个月后她们就得到了批准。

学虽然不上了，但栾菊杰提高语言的目标仍在继续。用栾菊杰的话说是"人家说一句我回她两句，语言关多说多练也就过了。"克服了语言障碍，栾菊杰在加拿大的工作生活也进入了"快车道"。1990年埃德蒙顿击剑俱乐部解雇了原来的全职教练，而将这一职位留给了栾菊杰。栾菊杰也辞掉了在阿尔伯塔大学的兼职工作，专心在俱乐部执教，双方的合作就这么持续了18年。在这18年里，埃德蒙顿俱乐部的会员由50多人发展为250多人，成为加拿大最大的击剑俱乐部，但它的教练仍然只有栾菊杰一人。周一到周五下午5点至晚上10点，周六上午9点工作至下午3点，时不时还要代理当地高中的体育选修课，18年的忙忙碌碌让栾菊杰成为了加拿大的"击剑妈妈"——在加拿大击剑排名前十中有一半来自埃德蒙顿俱乐部。每年的全国比赛他们总要包揽一半以上的奖牌，栾菊杰也年年登上加拿大击剑协会的"光荣榜"。

虽然时不时栾菊杰会收到来自加拿大其他省份和美国的工作邀请，而且薪水远比埃德蒙顿要高，但栾菊杰从来没有想到过离开。这里不仅有一群她难以割舍的学生，更有以她命名的"栾菊杰杯"——一项以她名字命名的击剑公开赛——埃德蒙顿俱乐部因为担心栾菊杰离开而送给她的礼物。在西方，是很少以现役运动员的名字命名奖杯的，所以栾菊杰一直以此为豪。

2008年北京奥运会击剑项目个人赛中栾菊杰再次代表加拿大征战奥运。年届五十的栾菊杰以破纪录的参赛年龄创造了奥运击剑史上的奇迹。

这是栾菊杰分别以中国和加拿大选手的身份第四度出现在奥运竞技场上，时间跨度前后达24年。1984年洛杉矶奥运，栾菊杰为中国队夺得女子花剑冠军。1988年，栾菊杰又出战汉城奥运。2000年，栾菊杰代表加拿大参加悉尼奥运，时隔八年，她今年将再次代表加拿大征战奥运。

参加北京奥运是栾菊杰的夙愿。2007年6月的时候，栾菊杰就在多伦多在接受记者采访时曾表示，"1984年中国重返奥运赛场后首次组团参赛，我获得金牌，我现在的夙愿是能代表加拿大参加2008年北京奥运，因为这是中国首次举办奥运。"她同时表示，北京奥运后准备再战十年才封剑。

当时栾菊杰为取得北京奥运会入场券，栾菊杰不得不频繁参加国际剑坛的各大赛事以争取积分和排名，历时近一年，其过程异常艰苦。直到积

北京奥运会中向祖国致敬的栾菊杰

分赛的最后一站，栾菊杰的参赛资格才见分晓。根据国际剑联公布的最新资料，栾菊杰在女子花剑剑种中积分为62分，名列第43位。并在北京奥运会上也成功进入16强。

栾菊杰将步入50岁的年龄，她的参赛年龄创造了奥运击剑史上的

奇迹。栾菊杰的丈夫顾大进在接受记者采访时也表示，以如此年龄参加奥运击剑比赛，在世界击剑史上是绝无仅有。

这次回到中国，不仅仅是参加击剑世界杯上海站的比赛，她还希望借这个机会募集资金，在国内开办一所击剑学校，从最基础，从青少年中普及击剑运动，从而提高中国的击剑水平。

虽然身在国外，但是栾菊杰非常希望把击剑运动在中国发扬光大，她希望招募一些老运动员、老冠军以及一些慈善家、企业家来筹集一些资金，在中国发展一家击剑学校，普及幼儿、青少年的击剑运动。

栾菊杰说，其实击剑这个项目真的很适合于中国人，因为中国人反应灵敏，而且人多，因此选材很容易。目前国内击剑主要是国家队、省队或者市队，她希望在这些性质的击剑队伍和学校之外，还有一些由民间组织的击剑俱乐部和击剑学校，来普及击剑知识，推广击剑运动。她说："国内有句话叫做'有心载花花不成，无意插柳柳成荫'，也许通过这样的基础击剑学校和对击剑运动的推广，能够培养出不少的奥运冠军。"

栾菊杰相信，改革开放以来，国内的慈善家、企业家已经越来越多，再加上她们这些老运动员、海外运动员的努力，一定能办成一所这样的学校，一定能将击剑运动发扬广大。

仲　满

小将仲满是 2008 年来中国击剑界涌现的一颗新星。在 2007 年世锦赛佩剑团体赛中，他帮助中国队夺得第七名。而在 2007/2008 击剑世界杯上，他击败各路强手，勇夺佩剑个人赛冠军，在前两届击剑世界杯上，他连续夺得铜牌，显示出不俗的实力。在当年进行的亚锦赛上，他也夺得了冠军，成为继老将王敬之后，中国击剑界一颗正在冉冉升起的新星。

奥运冠军仲满

仲满是中国男子佩剑项目中最优秀的选手，在 2008 年 5 月华沙举行的第五十三届"伏沃迪约夫斯基骑士之剑"即男子佩剑世界杯赛波兰站比赛中表现突出，获得冠军。在 2008 年 8 月 12 日晚，仲满经过苦战，最终以 15 : 9 战胜了法国选手尼古拉·洛佩获得 2008 年北京奥运会冠军，创造了中国击剑的辉煌历史。

2005 年男子佩剑世界杯赛仲满获得个人赛铜牌。在 2007 年的亚锦赛上他连夺团体、个人两枚金牌，并且在 2008 年 5 月波兰华沙世界杯赛上，连克奥运会卫冕冠军蒙塔诺、奥运会和世锦赛双料亚军匈牙利名将奈姆奇克以及俄罗斯名将亚基缅科，夺得金牌。有了这位 25 岁的后起之秀，难怪中国佩剑队教练张永春在奥运会之前会说："男佩打好了可以冲金，打不好可能连一枚奖牌都得不到。"

比赛中的仲满

"他对距离的判断有种天生的感觉，这个东西是与生俱来的，不是后天苦练能练出来的。"在张双喜的眼中，勤奋加天赋是仲满成功的两大秘诀。在今天决赛尤其是决赛的后半段，充分证明了仲满在距离判断上的感觉。"打到后来对手一点脾气都没有，场上完全被仲满牢牢控制了。"事实上，在国家击剑队里，仲满还有着另外一个外号——"劳模"。"日常训练我如今都以仲满为标尺，他累了就可以休息了，他没说累谁都得待着继续练。"击剑队教练如是说。

李　娜

李娜1993年11月始练击剑，1998年1月进入国家击剑队。她性格开朗，技术全面，攻防反能力强，是中国女子重剑队中最早成名的一员。她曾获得1999年亚锦赛女子重剑个人、团体冠军；2003年世锦赛女子重剑第三名；世界杯悉尼站女子重剑团体冠军等荣誉。在国际剑联2007年12月于西班牙马德里年会上公布的2007年世界最佳运动员中，她获得"最佳女子重剑运动员"的荣誉，这也是中国击剑历史上第一次获此殊荣。

李娜夺冠

2010年年底，已退役两年的李娜在老家生了个白胖儿子。差不多在孩子三个月大的时候，辽宁省体育局领导来到李娜家里做工作，希望她能代表队伍再打一届全运会。

李娜当时有些犹豫，毕竟孩子还不到半岁尚未断奶，再加上因为生育自己发胖、韧带变紧、体质变差等，很有可能难以在短时间内赶上进度。

但最终李娜还是复出了，"说不清为了什么，就是觉得自己还能再拼一拼"。

在得到家人的理解和支持后，几乎是在第一时间，李娜就带着只有三个月大的孩子来到沈阳，在训练中心隔壁租了一间房子，重新开始了运动员的生涯。

那个时候李娜奶水很足，不舍得放弃母乳喂养。因此每天上午，她总是喂好了孩子才出去训练，然后两三个小时回家一趟。

长此以往的反复几乎拖垮了李娜的身体，"有一天晚上，她跟我说，妈妈，我实在太累了。"李娜母亲一边抹着眼泪一边对记者说，"我就让她断了母乳，把孩子抱回家养，但她一听就是摇头，死活不肯。"

李娜给儿子起名叫"老虎"，除了孩子生在虎年，更多的是儿子很小就表现出虎虎有生气的一面，"比一般孩子更为坚强、懂事"。

在"老虎"半岁的时候，李娜终于同意母亲带孩子回老家，但她依然坚持每个月见孩子一面。因此从2011年年头到年尾的这段时间，李娜已经数不清自己回了多少趟家。

一个月的间隔对孩子而言是漫长的，有时候李娜回家，"老虎"要过上好一段时间才能和她真正热络起来，但一旦两人打得火热，李娜就会抱着儿子亲个不停，好像要把一个月的亏欠都补回来。"每次离家我都会哭，因为要躲着孩子，把孩子交给妈妈和婆婆后，我总要想个办法偷偷溜出去。"李娜说，"每次离开都是肝肠寸断，但心里也知道，这是必须的事情"。

但回到训练场的李娜是坚强的。为了能尽快恢复状态，李娜每天都会实行魔鬼式的减肥计划，"刚开始体能训练，每次脱下训练服后，都能拧出水来"。

由于多年不碰剑，刚开始训练的李娜手上和脚上都磨起血泡，十指连心，疼是必然的。但她已经顾不了这么多。终于，在2011年4月份全国击剑冠军系列赛第二站的比赛中，李娜在个人和团体的比赛中双双折桂。当年5月底，李娜重新回到了国家队，并在当年10月举行的世锦赛女重项目上一举夺魁。

在拿下击剑世锦赛女重冠军后，李娜的曝光率曾一度是三个"李娜"中最高的，（伦敦奥运让三位李娜有了一个小小的"交点"，网球李娜和击剑李娜将出现在赛场上，而前跳水名将李娜则为中国代表团扎营利兹做出了很大的贡献。）但那段时光很短暂，毕竟击剑项目的受众面摆在那里，无法掀起多大的波浪。

对此，李娜倒是看得很淡，对那个和自己同名同姓但拿到法网的姑娘，她称不上羡慕更谈不上妒忌。

夺冠后的李娜和教练合影

惟一让李娜感到高兴的是，那几天的高曝光率让儿子很兴奋，因为打开电视就能看到妈妈。这是孩子之前从未享受过的"待遇"。家里人也很快发现了这点，为了让"老虎"能随时随地看到妈妈，家里电视总是开着。

"'老虎'很聪明，看到电视上出现妈妈的样子，就会扑上去亲。镜头一切，发现亲的不是妈妈他就会生气，觉得电视机是'大坏蛋'。"李娜笑着说，"到了我回家那天，他看到真人反而傻了。他奇怪啊，怎么电视上的妈妈突然走出来了？！"

李娜的生活就是如此这般围着儿子展开的，虽然对于她的复出，外界一直都冠以非常崇高的帽子，诸如为了梦想的坚持，为了奥运的奋斗……但李娜却说，她工作的目的其实很简单，除了对击剑还怀有热情外，就是想给孩子创造更幸福的生活。

李娜说，自己对于金牌的渴求不再那么迫切，或许有但压力也不再那么大，"只能说我尽自己的责任，完成我自己的愿望。"——这话朴实得不像是出自一位世界冠军之口。

孙玉洁

孙玉洁，中国女子重剑队主力队员。1992 年出生于辽宁鞍山，身高达 1.92 米，身高臂长是她在这个项目中的优势。2009 年世界青年击剑锦标赛个人冠军。北京时间 2012 年 8 月 5 日，孙玉洁和队友在伦敦奥运会团体决赛中以 39∶25 逆转并大胜韩国队，为中国首次夺取奥运会上的击剑团体金牌。

孙玉洁是 2008 年才进入国家击剑队的，入队时间不长却成了国家女子重剑的"顶梁柱"，多次在全国大赛上崭露头角。2009 年的山东全运会上，孙玉洁和队友协作为辽宁军团获得了女子重剑团体金牌。

孙玉洁

据孙玉洁的启蒙教练市体校击剑教练王威介绍，孙玉洁 9 岁时学习击剑，当时头脑就很灵，接触新事物的能力很快，身体素质出众，步伐轻盈，臂长个高，是块练击剑的好料。

王威称："别看她 1.92 米的身高，在赛场上却异常灵活。"孙玉洁用的是直柄剑，以反击和冲刺为主，这样的打法在全国寥寥无几。手腕力量很大，而这恰恰是练习重剑所必须具备的。

皮肤白皙、长相清秀再加上 1.92 米的身高，不少人对孙玉洁的第一印象都是当模特的料。而每当提到她，队友都会直呼其为"击剑队美女"。当记者也这样称呼孙玉洁时，她有些不好意思："我哪里美呀，眼睛不大，五官一般，就是长得顺眼些罢了。"

可与其他的女孩子不同，孙玉洁不爱逛街、不爱化妆，一有空就喜欢静静坐在那看书，训练场下的她从来都不爱逛街购物。国家女子重剑队的教练也认为，孙玉洁特别懂事，训练时兢兢业业，休息时爱琢磨技术问题。其他的女运动员趁着假期到商场买衣服，可孙玉洁却一个人来到训练馆，给自己加练。队友都说，"大洁绝对是咱击剑队的美女，如果她再好好打扮，肯定会有不少小伙追求她"。

她也不爱逛街，每次出门买完自己想要的东西后迅速回队，上次我们买手链，她看中了交钱就走。我说得货比三家啊，结果人家说，有那工夫干点别的不好吗？另外，孙玉洁可是有名的澡堂歌手，一洗澡就爱高歌，不知道的人还以为练肺活量呢。"

获胜后喜极而泣的孙玉洁

孙玉洁很谦虚，虽然已经成为了世界第一，但她时常把大姐李娜挂在嘴边："我这算什么啊，娜姐才是我的榜样，我需要更多的好成绩证明自己。"正是有了这种目标，孙玉洁每天把大部分时间都放在击剑上，一天下来，经常累得直不起腰，但她仍笑着大家说："没事，这点苦都撑不下来，怎么肩负重任？"

谭 雪

谭雪在 2004 年雅典奥运会中获得女子佩剑个人银牌，谭雪左手持剑，身体素质好，速度、爆发力及灵敏性都不错，以进攻为主，成功率高，防反变化多，心理素质好，善打硬仗，近年几乎包揽了全国所有比赛的冠军。

谭雪，小时候家里人都挤在一间小平房里。这是一个并不富裕但是十分温馨的家，爸爸谭富有在建材公司工作，妈妈杜传君 11 年前就内退在家，全家月收入不足千元。

谭雪

谭雪 1995 年 9 月进入塘沽十中体校从事田径专业，教练张波，14 岁时候谭雪还是刘翔的同行，后来天津市体工大队挑选击剑运动员，看中了谭雪，痴迷佐罗的她便决定弃栏从剑，因为她觉得"拿剑战斗很威风"。"还有一个原因，"谭雪不好意思地说，"就是刚参加比赛时，在赛场看到了王海滨，当时就想这个人是谁呀，太帅了。没想到后来居然成了队友老大哥！"

2001 年 6 月，17 岁的谭雪进入国家队，第二年即在葡萄牙举行的世界击剑锦标赛上连克多名欧美强手，夺得女子佩剑冠军，成为中国击剑史上首位世锦赛冠军。

2004 年雅典奥运会上，谭雪过五关斩六将一路杀入决赛，然而决赛中她又遭遇中国击剑曾经遭遇过的误判，虽然裁判委员会现场通过观看比赛录像也承认，裁判确实有误判，可是结果已经无法改变。谭雪雅典金牌梦碎。

雅典之后，由于伤病影响，加上外国对手对其打法越来越熟悉，谭雪一度陷入低潮。2006 年 9 月的世锦赛，谭雪仅排在个人第 11 名。

2006 年年底，法国著名教练鲍埃尔来到中国击剑队执教。这位曾先后率领法国、意大利队夺得奥运金牌的"神奇教练"非常欣赏谭雪，

谭雪奥运争金

他曾经说道："我来中国的目的就是为了帮助谭雪夺冠，中国队是北京奥运会的东道主，比赛会对她更有利。如果不能拿到冠军，那就是我的失败。"

此后谭雪势不可挡，2007年连夺意大利、俄罗斯、匈牙利、越南、中国天津五次世界杯分站赛的个人冠军，还率队夺得一次团体冠军。在国际剑联当年的女子佩剑个人积分榜上，谭雪高居榜首，并毫无争议地荣膺国际剑联2007年"世界最佳女子佩剑运动员"称号。

雷 声

中国男子击剑新一代的领军人物，雷声身体条件出色、进攻意识强，具有较强的实力，是中国男子花剑"新三剑客"的领军人物。

雷声是中国花剑新一代的领军人物。雷声这个名字，给人的感觉是一位性格直爽、颇有些年少轻狂的剑客。然而实际上，他外表颇似文弱书生，性格也十分内敛，这让他在剑道上变得更加冷静。

雷声这个名字，给人的感觉是一位性格直爽、颇有些年少轻狂的剑客。然而实际上，他外表颇似文弱书生，性格也十分内敛，这让他在剑道上变得更加冷静。

17岁那年，雷声入选广东省击剑队。此后，这位后起之秀屡次在世青赛和全国锦标赛的团体赛上表现不俗，2004年在保加利亚举行的世青赛上，他与队友夺得团体金牌。十运会男花决赛中，雷声遗憾地败

雷声

在"老三剑客"王海滨手下。虽与金牌擦肩而过，这位中国剑道的后起之秀却收获了信心。

雷声在北京奥运会男子花剑个人1/4决赛中不敌德国选手本亚明·克莱布林克，无缘半决赛。

之后，身体条件出色、进攻意识强的雷声已经显现更为出色的实力，并在2010年获得国际剑联颁发的男花个人最佳运动员奖，成为中国男子花剑"新三剑客"的领军人物。

雷声人生的首枚奖牌是1998年的广东省运动会男子花剑团体赛冠军。2001年12月入省队。2002年11月入选国家队。2003年第五届全国城市运动会获男子花剑团体冠军，亚洲击剑锦标赛获男子花剑团体冠军；2004年保加利亚世界青年击剑锦标赛获男子花剑团体冠军；2005年第十届全国运动会男子花剑团体冠军、个人亚军；2006年世界杯葡萄牙站获男子花剑个人赛冠军、多哈亚运会获男子花剑团体赛冠军和个人赛季军；2010年男子花剑世界杯大奖赛个人赛冠军、2010年击剑世锦赛个人赛亚军。

2010年的雷声，可以说是运动成绩最为突出的一年，世界排名第一的

雷声夺冠

雷声获得的各项世界性、全国性的赛事奖牌就有19个，其中冠军有13个。男子花剑世界杯大奖赛巴黎站夺冠、男子花剑世界杯大奖赛意大利

站再夺冠。而在日前召开的 2010 年度国际剑联代表大会上，雷声以总积分 370 分获得男子花剑个人最佳运动员奖。这也是继谭雪在 2007 年当选女子佩剑最佳运动员之后，中国运动员当选的第二个年度最佳运动员。

叶　冲

2011 年梅龙镇广场杯花剑世界杯上海站比赛，曾经的中国男花"三剑客"之一叶冲出现在赛场，但这一次他的身份有了新变化，成为一名国际裁判。

叶冲

女团决赛时叶冲上场执法，西装革履的他，举手投足颇有裁判的威严。此时，场上一攻一防间，背后的显示屏上同时亮灯，俄罗斯和意大利两名选手都认为自己得分，叶冲淡定地主动走到技术台要求查看录像回放，并作出了正确判断。"其实当裁判和运动员的感觉差不多，都要仔细、认真、负责。"叶冲在 2008 年取得了国际裁判资格，"击剑比赛非常快，很多都是在瞬息之间完成，这对于裁判是很大的考验。现在有了鹰眼技术，裁判有回看的机会，尽量不给自己和运动员留遗憾。"

裁判当得有板有眼，不过对于叶冲而言，"裁判"的角色只是客串，现任上海虹口剑校总教练的他认为，"裁判经历对当教练来说很好，可以从中发现击剑的发展趋势、裁判判罚的尺度和各地运动员的水平。"

对于角色上的不同，叶冲并不在意。"岗位不重要，重要的是能和他们一起提高中国男花的水平，争取把中国男子花剑带上去。"在他看来，从裁判的角度去看比赛，有时候反而更加清晰，"因为毕竟是旁观者清，对于中国选手的表现应该说还是比较清楚的。我会将队员所暴露的问题及时与海滨他们沟通。这样能让他们更迅速提高。"

岁月荏苒，"三剑客"渐渐变成了"怀旧名词"，不过他们今天仍奋斗在击剑第一线。王海滨早已成为中国男花主教练，悉心培养新人，经过北京奥运会的磨炼，他手下新的"三剑客"已日趋成熟。去年，中国男花在国际赛场创造了一个黄金赛季，一举登上世界排名首位，小将雷声同时登上了世界排名个人第一的宝座。世锦赛上，男花击败了意大利队等劲旅，首次尝到世界冠军的滋味。另一剑客董兆致也身着中国队队服，指挥着女子花剑姑娘们挑战强队。担纲国家男女队主帅的他们，全副精力都集中在奥运会上。

叶冲从裁判的视角出发，坦言中国男花仍是世界最强，女花和世界顶级水平有不小差距。这次女队派出 9 名选手参赛，结果无人进入 1/4 决赛，女团最终位列第九。近年来，中国女花正在顽强爬坡，"这批年轻队员有冲劲，但经验和技

当裁判的叶冲

战术能力都有欠缺。"叶冲建议，"对中国女花而言，现实的选择是从团体突破，尽快确定团体阵容，争夺团体入场券。男花尽管在前 4 站世界杯表现平平，仅取得 1 银 1 铜，但整体实力仍在世界上数一数二。"

董兆致

作为中国男子花剑鼎盛时期的"三剑客"之一，董兆致并不像王海滨和叶冲那样如春雷入耳。面对面地与他交谈，人们能感受到更多的是他的儒雅和沉静。他就像是咖啡伴侣，把王海滨和叶冲这两剂黑苦咖啡调和得柔软了许多。

董兆致

但是这种儒雅和沉静并没有妨碍董兆致心中的波涛汹涌。今天的董兆致，已经成为广州市体校的一名教练。而在雅典奥运会期间出生的女儿转眼间已经6岁了。从襁褓之中到咿呀学语，董兆致从爱女的成长中也看到了更美好的一片蓝天，董兆致依旧淡定从容。

经历了3届奥运会，退役后的董兆致曾暂别剑道，担任广州天河体校副校长，董兆致被借调至国家花剑队任助教，与老搭档王海滨一起备战奥运会。

将目光放在中国男花的未来希望上，现在的董兆致已不愿过多回忆过去，却更专注于未来。辅佐昔日队友王海滨打造新一代三剑客，董兆致说："我和王海滨站在队伍面前就是榜样。"

重返花剑队，董兆致算是回到了大本营。国家队的教练、工作人员，不少都是昔日队友。练剑20年，董兆致说，回到国家队，一拿起剑，熟悉的感觉就回来了。"和队员单练的时候，一开始队员还不适应我，'董指导，你速度怎么那么快'，但其实出剑快而猛正是我当运动员时的个人特色。"

熟悉的默契感，是董兆致与王海滨之间的特长。日常带队训练中，很多时候，两人并不用言语，一个眼神一个手势，就能清晰了解对方意图。这些都是近十年并肩执剑走天涯的财富。

"有人说，我和海滨是双剑合璧，我却觉得，称为'刚柔并济'更合适。"在董兆致看来，左手执剑的自己从进攻风格到招数打法和王海滨完全不同，在指导队员方面可以起到互补作用。事实上，在上海站男子个人半决赛比赛中，两人的分工就很明确——王海滨全程指导黄良财，董兆致则是左手剑客张亮亮的"私教"。

一般的运动员退役之后都会发福，而董兆致不但没有发福，还瘦了 5 公斤。董兆致说，这主要是因为生活的压力。除了新的工作环境需要适应以外，还有来自学业和经济的压力。

虽然董兆致获得了无数荣誉，但他却不像人们想象中那么有钱。现在的房子是向银行贷款买的，每月要供楼，而现在董兆致的工资和普通教练的

曾经的击剑三剑客

工资标准是一样的，"不要以为我很有钱。"他笑着说。

此外，利用业余时间读书充电也很辛苦。董兆致在中大的行政管理本科已经读到三年级，还在广州体院读体育产业专业研究生。因为在当运动员时，文化课拉下了很多，现在想重新学感到非常吃力。但是董兆致觉得自己的优势在于有更多的人生经历，更容易对所学的知识有更深刻的领悟。

对于未来，董兆致尚未有一个很清晰的目标，但是他很清楚：脚下

的路要踏踏实实地走才能走好；分内的工作要踏踏实实地做才能做好。
这是他当"剑客"的经验总结，也是他对青少年朋友的告诫。

王海滨

　　王海滨，1973 年 12 月 15 日出生，江苏南京人。1984 年进入南京
市公园路体校。1989 年进入江苏省体工队，教练是储石生、过鹰。
1990 年进入国家队，教练是张晓石。1997 年全国击剑冠军赛男子花剑
个人冠军。2000 年悉尼奥运会男子花剑团体亚军。2002 年釜山亚运会
男子花剑个人冠军。后任中国男子花剑队主教练。

王海滨

　　1984 年到 1986 年，几乎每
个下午，从三山街开往大光路
的 4 路车或者 7 路车上，都会出
现一个瘦小的身影，那就是儿
时的王海滨，放学以后，回家
收拾一下的王海滨会从家里出
发，前往公园路体校学习击剑。
　　"栾菊杰拿到第一块中国奥
运击剑金牌后，击剑在南京火了起来。"王海滨指着身边的栾菊杰说。
"我跟她是同一个启蒙教练，1984 年，白崇钧教练带我走上击剑之路。
其实我小时候根本没想到成为职业运动员，更多考虑的是考大学。我被
选中练剑时还在学校上课，可能当时身材还可以；坐后面几排，就被挑
选击剑苗子的教练相中了。"
　　王海滨告诉记者，当时他的训练馆就是公园路体校体育场主席台的
司令台左手处。"我感觉那个馆的训练条件是当时国内最好的。"王海

滨说。"那个馆也就是栾菊杰以前的训练馆，墙上还挂着她赠给母校的剑、一些纪念品和签名等等，在她回母校做报告的时候我就见过她了。"

每天下午三四点钟放学之后，小海滨都会坐车去体校练剑，训练的时间一般在 2 个小时左右。"那时候没有自行车，每天只能乘车到大光路，有售票员的那种，然后还要下来走一段路，这样走了好几年，这条路我太熟悉了。"

王海滨说，每天的来回路费体校是不会"报销"的，但是吸引他在击剑这条路上继续走下去的还是启蒙教练发的蜂王浆。说到这，他身边的栾菊杰插了一句。"我们可比你们要好一些，当时每天有 2 毛钱的补助。"

"男孩子小时候都淘气，喜欢打打闹闹的，我一开始接触击剑只是觉得好玩，因为以前没看到过，也谈不上特别喜欢。但是我没想到，进了击剑队后就一发不可收拾了，教练员太了解我们的心理了，他会不时给我们发蜂王浆，那可是我们那个年代的宝贝啊。"

王海滨说，教练员发给他们的还有一些球鞋，加上可以到处去比赛，就像免费旅游一样，于是在种种"诱惑"之下，他就此将自己的击剑生涯进行到底了。

曾有人用"游龙剑"形容过王海滨，他集绕指轻柔和无坚不摧于一身，游龙剑是古龙笔下的七剑中最柔软的一把剑，同时也是最锋利的一把。

三剑客时代的王海滨，英俊潇洒，剑胆雄心。2000 年后，年龄最小的他曾为击剑远走他乡。4 年后，因为击剑，他重新披上中国队队服。2004 年雅典奥运会，再次因误判而以一剑饮恨。两枚奥运银牌，对观众来说是一声叹息，对王海滨来说，则是一生叹息。那一次，他选择了封剑。

如今的王海滨更像是那把"莫问剑"——作为七剑中的精神领袖，莫问剑由两把剑组成：一把是手中之剑，一把是心中之剑，双剑合璧，天下无敌。奥运冲金失利、异乡求学的孤独、执教之初的艰难……种种磨砺，不仅没有磨灭王海滨的锐气，反而磨砺了王海滨的心中之剑，他逐渐进入到"手中无剑，心中有剑"的境界。现在的他正努力帮弟子们磨砺心中之剑。

击剑队教练王海滨

在担任中国男花主教练之后，王海滨首先向徒弟们强调的，就是剑客精神。他说："我不希望我的队员背负起我的遗憾，他们有自己的人生，自己的目标，自己的奥运梦。"

新的奥运周期，昔日伙伴董兆致成为男花国家队助理教练，辅佐自己，对此，王海滨却显得格外低调。"没什么上下级的关系，大家都是为了一个目标努力。"合作中，王海滨从不会与董兆致打官腔。主动聊天谈心，讨论队里的事，互相切磋改进技术，两人感觉又回到了当年并肩征战的时代。

张春翠

张春翠，女，1986年5月7日生于连云港市东海县。先天性右小腿畸形。花剑、重剑B级运动员。她，文静、纤弱、腼腆。

左腿安上假肢，亭亭玉立。她在国内外轮椅击剑的比赛场上过关斩将，摘下8枚金牌、8枚银牌、4枚铜牌；她在2006～2007年的滨海县县志年鉴上书写上浓墨重彩的一页；是她用汗水与泪水，意志和信念高扬起残疾人运动巾帼英豪自强不息荡气回肠的青春之歌。

张春翠

2002 年 16 岁的张春翠正值豆蔻年华、稚气未脱。连云港市残联慧眼识珠的伯乐们选她为运动员苗子，通过培训、参赛、复赛，选拔她到省残疾人运动员集训队接受女子轮椅击剑专业培训，从此这株新苗沐浴春风化雨脱颖而出。

她人小志大，以世界女子击剑冠军栾菊杰为榜样，憧憬自己的"冠军梦想"。农村女孩养成的吃苦耐劳的优秀品质使她很快适应了艰苦的集训生活。她又特别有悟性和灵气，对教练传授、示范的每个动作能反复惴摩、体会、理解。她善于向别人学习、取长补短，她的击剑技术日臻月进、如日中天。

2003 年第六届全国残运会上，她为自己的青春第一次放歌。赛场上她同队友们雄风乍起旋风而至一路杀来。比赛中连连出招，频频"亮剑"，屡屡奏效。在她们面前，使不少实力强劲的名将新秀败北叹息，一举为江苏省夺得重剑团体、花剑团体、花剑 A 级别个人三枚金牌，重剑 A 级别个人银牌。

2006 年 10 月 4 日在云南省昆明海埂训练基地举办的第七届全国残运会暨 2006 年全国残疾人轮椅击剑锦标赛，她再次高歌青春进行曲，夺得女子轮椅击剑重剑团体金牌，花剑团体铜牌，花剑 A 级别个人银牌。2006 年 12 月，在马来西亚吉隆坡举办的远南运动会上，是张春翠第一次代表国家出国参赛，她不负众望，在异国他乡展现着身残志坚的巾帼风采，夺得了重剑团体金牌，花剑团体银牌，重剑 A 级别个人金牌、花剑 A 级别个人铜牌。

2007 年是张春翠出国参赛最多的一年，她每次都是带着期望出征，载誉凯旋归来。5 月 25 至 27 日在意大利举办的女子轮椅击剑世界锦标赛中摘下了花剑团体金牌，夺得了花剑 A 级别个人银牌，重剑 A 级别个人银牌。

7 月 14 至 16 日在波兰举行的女子轮椅击剑锦标赛中夺得重剑 A 级别个人银牌，花剑 A 级别个人铜牌，重剑团体银牌。11 月 16 至 18 日在法国巴黎柏林举行的女子轮椅击剑锦标赛中夺得花剑 A 级别个人金牌，重剑 A 级别个人银牌。12 月 18 至 20 日在德国柏林举行的女子轮椅击剑锦标赛中夺得花剑 A 级别个人金牌，重剑团体铜牌。

张春翠获胜

体育竞技项目包括轮椅击剑是意志的较量，体力的抗衡，技术的比拼，是真正的厚积而薄发。长年高难度的训练，单纯枯燥的生活给张春翠带来新鲜、希望。但随着年龄的增长，婚姻、家庭诸多现实问题接踵而来，看到同年入队的姐妹兄弟陆续退役离队，结婚成家，有的还找到了工作，张春翠也曾萌发过激流勇退的念头。在各级残联的关心下，在队里领导、教练的劝解下，她放弃了退役，坚持留队，做轮椅击剑传承人。义无反顾地夏练三伏，冬练三九，备战残奥会。有人问她：象你这样残疾女孩已经功成名就，还在拼打搏杀，图什么？她回答说，我先天遭到厄运，我现在得到幸运，想到"娘家人"——各级残联组织、省集训队的培养，我就得知恩图报。而且我对轮椅击剑也摸出了感情，有了剑的陪伴，虽苦犹荣，生活充实。有人还问她，你先后得了 20 多块奖牌，六七年的运动生涯什么时候你最幸福呢？她说：当然是到国外参加比赛，登上领奖台、看到国旗升起、国歌响起的那一刻。因为我们努力为国家争得了荣誉，吃辛受苦，流汗流泪值得。

张春翠就是凭着这份执著、这份赤忱、这份深情，在轮椅击剑的赛场上谱写着肢残人的青春之歌、自强之歌、奋进之歌。尽管这首歌有时高亢激越，有时沉稳低吟，有时凄壮悲怆，但是都是强者的天籁之音。

余翠怡

余翠怡香港轮椅击剑运动员。2004 年，她代表中国香港参加雅典残奥会，夺得女子个人花剑、个人重剑、团体花剑、重剑金牌，成为首位在同届残奥夺得四金的击剑女运动员。

2008 年的北京残奥会中，她又夺得女子个人花剑金牌及女子个人重剑银牌。三届残奥会累积赢得 7 金 1 银 1 铜，成为个人在残奥会累积金牌数目最多的香港选手。

香港名将余翠怡（中）

11 岁的余翠怡就得知自己不幸罹患骨癌，与一般的孩子一样，当时懵懂的她并没有意识到自己的人生会因为这种疾病而经历怎样的改变。爱玩多动的她甚至在病房中无忧无虑地与小朋友玩起了"斗地主"。但随着病情的不断发展恶化，常规治疗逐渐收效甚微。

在她 13 岁的一天，父母将决定权交到了她的手里：截肢或是继续保守治疗。当时因为伤口感染化脓，小余翠怡觉得每天清洗伤口非常不方便，于是决定截肢。截肢前夜，她与自己的腿聊天"我很舍不得你，但医生们已经尽了最大的努力了，可能现在是时候跟你说再见了"。截肢后的余翠怡很快就开始做康复训练，用她的话来说，腿既然已经没有了，就要与假肢"做好朋友"。

截肢后的余翠怡参加了许多与残疾人有关的机构。因为自己本来就会游泳，加之母亲的鼓励，余翠怡投身到了残疾人运动领域。后经人介绍，余翠怡逐渐接触到了轮椅击剑，16岁的她，听说了击剑运动里帅哥比较多，于是她抱着玩一玩的心态接触了轮椅击剑，结果这一玩就是十余年，并凭着自己的执著和顽强，玩成了世界冠军。

一路走来，余翠怡最想感谢的是教练兼偶像郑兆康。她认为是郑教练发现了她这块藏在顽石里的璞玉。郑兆康，也曾是中国击剑队的优秀运动员，曾在自己的职业生涯中取得过优秀的成绩。1998年，已经退役的郑兆康应邀到香港担任轮椅击剑队教练。

余翠怡曾说在比赛的时候特别怕教练在场，因为动作不能出一点差错而变得很紧张。教练对余翠怡高标准严要求，余翠怡特别害怕教练会因为自己做不好而放弃自己，所以一直努力让自己能够达到教练期许的目标。余翠怡笑着说"当时是有一点点恨他的，但更多的是喜欢"。

余翠怡在中学就开始了击剑训练，目前她参加了一个慈善团体"站起来"，这个团体主要是帮助四川地震伤员做康复训练，让他们更快的站起来自己行走。

"命运对一个人的成功有一定影响，但更多的是机会出现了，关键是你有没有把握住。要随时准备好抓住机遇，才有可能获得成功。"余翠怡说。

余翠怡目前还在做一份电台主持的工作，这是她小时候的一个梦想。这个机遇是因为一次电台访谈，她表达了这份愿望。最后电台给她成就梦想的机会。而且她越做越好。起初，她认为电台主持只是一个聊天的工作很容易，后来发现做一名电台主持并不比做运动员简单，背后都要付出大量的努力。"为了不让听众睡着，每天都要花好多时间学习，努力锻炼口才。"

2008 年，余翠怡在北京奥运会上获得一金一银，同时更当选残奥委委员。夺得金牌后，余翠怡在颁奖仪式上，随着中国香港特别行政区的区旗和中华人民共和国国旗冉冉升起时高声唱起了国歌。

"这是人生中最荣耀的时刻。"余翠怡表示，很高兴在自己的祖国赢得金牌，面对双重荣誉，余翠怡认为，当选残奥会代表，感觉到荣幸后面更是一份厚重的责任。作为运动员代表，要在不同的领域里考虑如何表达运动

余翠怡夺得冠军

员的诉求，如何去帮助残疾运动员发声，将他们的声音传递给世界。金牌之后，余翠怡的生活并无发生多大改变。她只当自己是一名普通人，正常训练与上班。

余翠怡说提高公众对残奥会的认识很重要，她希望通过自己的努力，能让更多的人知道，残疾人运动并不是残疾人在玩玩而已，残疾人运动并不只是残疾人表现出来的拼劲，更是表现出人类在困难中永不放弃的信念。

姚　芳

1998 年，一场车祸让年仅 26 岁的姚芳截瘫，人生跌入黑暗的深谷。她陷入了无尽的痛苦中，觉得"这辈子完了"。

姚芳

没想到的是，命运向她敞开了一扇通往光明的大门。2002年，上海要组建轮椅击剑女子团体队，缺一名B级选手，姚芳经上海市残联推荐入选，走上了轮椅击剑运动的道路。

经过4个月的训练，姚芳便代表中国到韩国釜山参加比赛，这是她第一次出国。"过去对于出国是不敢想象的，有人跟我说，你因祸得福了。这是我人生的一个转折点，好像从地狱升到了天堂一样。"姚芳说。

仅仅学会进攻、防守、击打三个动作的姚芳，在釜山获得了第四名，这让她找到了自信。2003年，姚芳一举获得两个全国冠军，并从此进入运动的巅峰状态，成为国家队主力，先后获得世界杯等比赛的冠军，2008年北京残奥会获得了女子个人重剑B级的亚军。

在轮椅击剑运动上的成功，不仅给姚芳带来了物质、荣誉等方面的收获，更重要的是让她觉得自己永远年轻。姚芳说："跟那些20多岁的年轻队友在一起，我感觉自己一直年轻，精神和气质都不一样。特别是现在很少生病，身体康复得非常好，不通过体育锻炼肯定达不到这种效果，我现在越来越好了。"

但长期训练、比赛也让姚芳受到伤痛的困扰。据姚芳介绍，由于在车祸中受伤，过去她的腰上是有钢板固定腰椎的，2009年在训练中钢板断了，后来做手术取了出来，由于轮椅击剑对腰的依赖性很高，因此腰是训练和比赛中最辛苦的地方。"辛苦是必然的，但只要喜欢，就不觉得累了。"姚芳说。

现在的姚芳感受到的更多是幸福。姚芳说，幸福主要来自于很多人对我的关心，特别是教练的悉心指导，让她一步步走到今天。

姚芳有一个幸福的家庭，孩子已经16岁了，父母和丈夫都非常支持和关心她。"老公对我是不弃不离的那种，给我带来很多的幸福和快乐，他把全部的事情都做好，让我一心一意地训练。所以，我觉得他也蛮辛苦的，因为不能长时间待在一起嘛。"姚芳说。

残奥会轮椅击剑姚芳获胜

在轮椅击剑上的成功，不仅给姚芳带来了物质、荣誉等收获，更重要的是让她觉得自己永远年轻。"跟那些年轻人在一起，感觉自己精神和气质都不一样，特别是身体康复得非常好，不通过体育锻炼肯定达不到这种效果。"

陈依君

陈依君来自普通的工人家庭。2岁那年，刚学会走路的陈依君扶着沙发走路时摔了一跤，第二天就开始发烧，谁也没想到，就是这么个小小的意外，改变了他之后的人生。小儿麻痹症，医生的诊断让父母如闻晴天霹雳，陈依君的左脚开始变得和以前不一样，只要跑起来就会摔跤。但一直以来，陈依君从不愿意承认自己和常人有什么不同，不能跑，就慢慢走。爸爸妈妈催他去办残疾证，他也是能拖就拖。直到21岁，陈依君才去办了残疾证。没多久，他就遇上了人生最大的"机遇"。

"那天，上海市残疾人体育训练中心来我们闵行区招运动员，一个

陈依君

教练帮我量了量手臂，马上激动地给轮椅击剑队的教练尤政一打电话。"陈依君回忆说，"我被带到了体训中心，尤指导一看我就说：留下来。"

从2005年春天起，陈依君就在体训中心安了家。"我一直都很喜欢'花剑三剑客'，而且叶冲也经常会来给我们作指导。所以当我穿上击剑服，戴上头盔的时候，就特别有感觉。"但渐渐地，陈依君明白，当一名剑客，远远要比看上去辛苦得多。2008年，陈依君落选北京残奥会，那段时间，他在痛苦和消沉中度过。就当他准备放弃时，他的女朋友对他说："我嫁给你，你不能放弃。"

结婚生子，美满的婚姻生活给了陈依君无穷动力，让他重新握起手中的剑，全力以赴："我特别想感谢我的家人，是他们的鼓励和支持给了我无穷的力量，让我可以实现理想。"

赛场上的陈依君戴着黑色护具遮住面孔，每次出剑得分都会倾力高吼一声，迅速将用按着轮椅扶手的左手指向裁判的方向。虽然面具使人看不清他咆哮时的神情，但声音却已清楚透露出了那股强烈的求胜欲望。

首次参加伦敦残奥会，陈依君印象最深刻的就是观众对于击剑运动的热情。这之前，陈依君也参加过世锦赛，当时除了决赛是在大场地外，其他场次比赛都是在鲜有观众光顾的小场馆。而在伦敦，几乎从头到尾都有许多观众在看台上加油鼓掌，这让陈依君刚开始还有点紧张，因为"从来没有看到过这么多观众"，不过逐渐适应气氛后，陈依君学会了用笑容化解压力。

练了 7 年，陈依君说，轮椅击剑算是终于圆了他儿时的"骑士梦"。虽然练基本功时有点枯燥，比如为了练准头，"每天数不清要刺靶多少下"。不过越是练到后来，剑手交锋对抗

陈依君在比赛中

的乐趣就会逐渐显现。每次揣摩准了对手意图，或是对于对方进攻迅速反应，都会令他兴奋不已，也对这项运动越来越痴醉。

在伦敦残奥会男子个人花剑 A 级比赛上，陈依君一路过关斩将，以六战全胜的战绩，与叶如意会师决赛，取得一枚银牌。在 6 日该级别男子个人佩剑比赛上，陈依君再次与队友田建全提前包揽金银牌，并在决赛里以 15∶12 战胜队友，取得个人首枚残奥金牌。

无论是开赛前还是获胜后，陈依君都会环顾四周举剑致敬、与每位志愿者和裁判握手答谢。他说，学习击剑时教练和领队都会反复强调礼仪。除了特别感恩庄杏娣和尤政一两位教练和所有默默支持他的人之外，陈依君说他还想感谢所有在场为中国欢呼加油的热情观众，以及所有裁判和志愿者。

叶如意

6 岁时，一场车祸夺去了叶如意的左腿。7 岁上学时，叶如意刚学会挂双拐，父母不放心总是去接送。但小小年纪的他却有着一股不服输的狠劲，每天坚持练习走路，小学三年级就不再让父母接送上学。在上学期间，他的劳动课、体育课一节也没缺过，还经常拉着父母去爬山。

叶如意（左二）

一般残疾人装上假肢后还得用一个月的双拐来适应，可如意装上假肢不到一星期就扔掉拐杖自己走了。

2002 年 4 月，江苏省残联的一位工作人员找到叶如意，问他是否愿意练习田径，天性好动的如意选择了跳远。一番艰苦训练后，在当年举行的江苏省残运会上，刚刚 15 岁的他就拿到了跳远银牌。

2002 年，江苏省开始组建击剑队，在江苏省残运会上获得跳远银牌的叶如意，引起了江苏省击剑队教练的注意。

"第一次走进击剑房是 2002 年 5 月 26 日，那天刚好是我 15 岁生日。看着队员们练习击剑时优雅的姿态，我立刻迷上了击剑这项运动。也许这正是上天送给我的 15 岁生日礼物。"叶如意微笑着说。可这个礼物却并没有像他想像中的那么美丽，训练开始不久，叶如意就尝到了美丽背后的辛酸。

刚开始训练击剑，叶如意的手掌被磨出了一溜水泡，钻心的疼痛让人无法忍受，可好强的叶如意咬紧牙关，一声不吭地继续坚持训练，直到水泡变成了厚厚的老茧。现在，叶如意手掌布满老茧。

"最难忍的是夏天，太热了。"这是叶如意对击剑惟一的"抱怨"。一个击剑保护头盔 9 公斤，一身保护服 12 公斤，夏天训练时，汗水就像小溪一样流淌。就是这样的艰苦训练，叶如意每天都要进行 6 个多小时，有时甚至更长。

2006 年 10 月 1 日，意大利都灵世界轮椅击剑锦标赛场，叶如意正在与波兰选手进行男子佩剑个人四进二比赛。连续一个星期的高烧，让他的体力大量透支，14：10！叶如意落后了。"不行，我不能失败。拼了！”唰唰唰，叶如意向对手连续挥出了五六剑。14∶14，比分扳平了，场下传来阵阵掌声。接着，叶如意又拿下关键的一分，取得了胜利。正是靠着这种顽强拼搏的精神，在2006年世界轮椅锦标赛上，叶如意赢得了男子佩剑个人金牌，个人积分排名世界第一，拿到了2008年残疾人奥运会的入场券。在2007年5月23日至31日举行的2007年轮椅击剑世界杯比赛中，叶如意取得了金牌的好成绩。在7月18日波兰举行的世界杯轮椅击剑比赛，叶如意获取佩剑金牌。11月14日叶如意前往法国参加轮椅击剑世界杯比赛。

2008年残奥会上决胜的一剑刺出，金牌！叶如意被高高举了起来，向全场欢呼。这枚金牌，是中国代表团在北京残奥会上的第89金，也是最后一枚金牌。

这场比赛，叶如意的对手是自己的队友田建全。半场结束时，叶如意的局面并不好，比分远远落后。不过，下半场叶如意的攻势逐渐展开，最后赢得了主动。“我之前已经夺得了一枚金牌，对这枚金牌的期待不如第一枚那么强烈，思想

叶如意胜利的笑容

上稍有放松，比赛打得有些缩手缩脚。后来我觉得，不应该打得这么保守，要尽全力夺回自己的主动权，抛开了顾忌之后，状态就出来了。”最后，叶如意终于“如意”，夺得了这枚金牌。

得知自己的这枚金牌是中国代表团最后一枚金牌之后，叶如意开心地笑了起来：“能够夺得中国代表团最后一枚金牌真的很荣幸，我们在自己国家举办的残奥会上，取得了很了不起的成绩。”

残奥会的闭幕，也让叶如意有些失落。“接下来，没有了训练和比赛，我可能有些不习惯。我想和教练以及所有支持我的人们一起分享这

枚金牌和我的喜悦。因为有你们，此时此刻我的梦想才能成真。而有了击剑，激发了我生命中另一方面的潜能。"

而谈到自己的未来，叶如意表示，将把接下来的时间投入到学习之中，完成自己的学业。"我想到大学读书，完成自己的另一个梦想。"

胡道亮

胡道亮在赛场上英姿飒爽，意气风发，可谁又能想到他的童年经历是那么坎坷，由于身患小儿麻痹症，无法行走，他只好在孤独寂寞中选择了坚强，也成就了日后的辉煌。

胡道亮

那是在胡道亮三岁的时候，持续一个多月的高烧使他浑身酥软，抬腿无力。父母亲花光了家里所有的积蓄，经多方求医，小道亮身上的烧退了，但双下肢却留下了残疾，不能正常行走，从此，他成了一名残疾人。

像是命运的捉弄，短短一两个月的时间，病魔就将一个原本活泼可爱的儿童及其全家推入深渊。自此胡道亮饱受他人的异样目光，甚至刺耳的议论。而他的家庭，也为此债台高筑。

就这样让父母养着，抑或依靠他人救济了此一生？哭过闹过之后，渐渐长大懂事的胡道亮并未就此向命运低头。他渴望着外面精彩的世界。家人不在时，他用自己的双手抓住并不健全的双腿，偷偷地练习挪移。由于残疾的双腿不能灵活走动，每前进一步，对胡道亮来说都是一种考验，他不知摔了多少跤，流了多少泪。

14岁那年，在家人的帮助下，他养了200多只鸽子，这些鸽子既是玩伴也是收入来源。后来，他又在村头开了一家杂货店，开始了自食其力的生活。

未能大大改善家中的经济状况，但至少不能成为父母的大包袱。胡方兴说，虽然没有像同龄孩子一样，在校园里汲取知识的力量，但是，上进心强的胡道亮并没有放弃对美好生活的向往。胡道亮十五六岁的时候，他的妈妈在家里摊煎饼，每天要摊七八十斤。这些煎饼都由胡方兴拉到县城卖给市民。每当市民来买煎饼时，他们都忍不住惊叹，煎饼怎么叠得像书本一样整齐，真是太好看了。胡方兴说，其实那些煎饼都是胡道亮叠起来的，这些年来，细心一直是胡道亮身上的光芒。

胡方兴还说，他一直很好奇为什么儿子击剑打得很好。如今想来，也许就是因为胡道亮凭靠双手养鸽子、凭借双手挪着"走路"，靠着自己双手打扫鸽子棚锻炼了有力的臂膀，在村里，凡是和胡道亮扳手腕的人从来没有能赢过他的。

养鸽子，开小店，勉强养活自己；然后娶老婆，生个娃，平平淡淡度过一生。2002年以前，胡道亮的人生轨迹似乎如此注定。或许是他的坚忍不拔使得机遇在悄然间降临，而胡道亮也紧紧抓住了这次机遇。

2003年，江苏省组建残疾人击剑队，省残联在全省范围内挑选残疾人运动员。在家人的鼓励和动员下，胡道亮抱着试试看的心理，来到沭阳县残疾人康复中心接受挑选。关于这次挑选，沭阳县残联的一名工作人员回忆了当时的情景："当时胡道亮并没有轮椅，一位工作人员让他坐到一辆轮椅上，只见胡道亮双手撑地，很敏捷地一蹦就坐到了轮椅上，他的臂力让前来选拔的教练眼前一亮，于是教练趁他不注意，猛地从背后击了他一下手臂，胡道亮反应灵敏，本能地还击了一下。教练看他双臂肌肉发达，伸展长度达1.85米，是一块天生的击剑运动员的材料，就这样，胡道亮被选进江苏省残疾人运动队，主攻击剑项目。

进入江苏省残疾人运动队之前，从小乡村出来的胡道亮压根不知击剑为何物，但是大城市的一切都让他感到新鲜和兴奋，训练也很有劲头，他暗暗下定决心，一定要好好训练，争取能练出个名堂来。

然而，在省队的适应性训练中，胡道亮起初的表现并不出色，右手执剑，反应总是慢对手一拍，经常大比分落后。在刻苦的训练中胡道亮发现自己更适合左手执剑，于是他向教练提出更换为左手剑。左手执剑后他的成绩突飞猛进，经过淘汰后，省队只保留了八名击剑运动员，胡道亮成为这八名幸运儿中的一员。

在训练中，胡道亮也曾迷茫，特别是自己进队后在训练中的表现并不很突出，拿起的剑并不像想象中那么轻松，这更让胡道亮担心，自己吃这份辛苦到底会不会有收获？短暂的迷茫后胡道亮坚定了信念：既然有这么好的机会，一定要努力拼搏，争口气，让别人知道自己虽然身有残疾，但同样可以实现更大的人生价值。改变自己的命运只有依靠自己的努力和付出，正是这种敢于挑战自我的勇气，驱使他不断前进，一次次的挥剑，尽管是那么枯燥乏味，但是坚毅的神色始终挂在他的脸上。

他知道自己的基础差，就要比别人付出得更多。留下来以后，胡道亮并没有满足，而是更加严格地要求自己，潜心琢磨，苦练自己的击剑技术，夜以继日地泡在训练场中。曾经培养出世界冠军栾菊杰的省花剑队教练庄杏娣对这个刻苦训练的小伙子也是严加训练，一次次不厌其烦地给他讲解技术要领。在庄教练的鼓励下，每天第一个到训练馆的是他，最后一个离开的也是他，当他回到宿舍的时候，他的右臂累得都快抬不起来了，屁股上磨出的血水沾在短裤上，疼得他睡不着觉，但是总有一个信念在支撑着他：健康人能够做到的，我一定能够做到！我一定会有成功的那一天！

艰苦的训练，让胡道亮的击剑水平突飞猛进，迅速跻身世界一流高手的行列，而坎坷童年养成的坚韧不拔的性格也使得胡道亮具有过硬的心理素质，瞬时间胡道亮声名雀起，成了令对手胆寒的"剑客"：2003年第六届全国残疾人运动会上，胡道亮为江苏省连续夺得了花剑团体，重剑个人两项金牌；2004年，第12届残疾人奥运会在雅典举行，轮椅击剑被首次列入竞赛项目。胡

赛场上的胡道亮

道亮代表祖国出征雅典，在男子团体花剑的比赛中，他与上海的张蕾、张冲携手为我国拿下了第1枚轮椅击剑的金牌，在重剑个人的比赛中他还收获了一枚铜牌；2005年，在波兰举行的世界残疾人轮椅击剑锦标赛上，胡道亮获得三块金牌；2006年2月，在香港轮椅击剑比赛中他奋勇拼搏摘取三块金牌；同年9月在加拿大又获得一金一银一铜。在第七届全国残运会上再次夺得一金二银一铜。2007年是胡道亮参加"世界杯击剑"积分最重要的一年，在5月份赴意大利、7月份赴波兰、11月份赴法国、2008年1月赴德国等国家比赛中，共获得奖牌六枚，为参加2008年北京残奥会赢得了入场券。

胡道亮最辉煌的时刻属于2008年北京残奥会，在轮椅男子花剑个人B级决赛中，他战胜劲敌弗朗索瓦夺冠。接下来在轮椅击剑男子重剑个人B级决赛中，以14号种子身份出战的胡道亮爆冷击败6号种子白俄罗斯选手尼古拉别济亚济奇内，夺得自己在北京残奥会上的第二枚金牌，成为我国轮椅击剑冠军史上第一个"双冠王"，填补了宿迁奥运冠军空白。

看着镜头里的胡道亮，胡方兴忽然感慨地说，胡道亮人生中许多关键的时候，他本人却都在地里干农活。2004年雅典残奥会比赛时，在胡道亮夺得第一块金牌时，胡方兴一边在地里干农活，一边接着乡里打来的电话。电话里得知胡道亮得了金牌，胡方兴高兴地跑回家。回到家

里时，胡方兴发现，离家300多米外，一串串火红的鞭炮连接在一起噼里啪啦地响个不停。这些鞭炮都是胡道亮家的亲戚送来的，他们看到胡道亮夺冠后，感到特别自豪。胡方兴说，虽然胡道亮常年在外训练、参加比赛，但是胡道亮时常打电话回家，并一再地嘱咐父母不要太辛苦，保重身体。

经历了北京残奥会的辉煌，胡道亮成了人们眼中的英雄，荣誉接踵而至。他先后被国务院表彰为"北京奥运会残奥会先进个人"，被中华全国总工会授予"全国五一劳动奖章"，被共青团中央、全国青联授予"五四青年奖章"，被省政府授予"江苏省劳动模范"，被共青团江苏省委授予"江苏省新长征突击手标兵"等荣誉称号。

在有关领导及部门的关怀下，胡道亮目前已无后顾之忧。2009年6月，相关部门已为其办好到沭阳县残联服务中心工作的手续。

光环之下是淡定。胡道亮并未就此停止前进的步伐，"我喜欢击剑，因为击剑改变了我的命运，让我觉得自己活得有价值。"胡道亮这样评价自己的这份职业。他说，如果条件允许，他将继续击剑10年。他热爱击剑，因为击剑教会了他许多东西。

所有的成就都会成为历史，以后的一切都必须从零开始，总结每一次训练，打好每一场比赛，取得下一届残奥会的入场券，争取卫冕，压力很大。胡道亮说，每个拿到残奥会入场券的选手都身经百战，战术经验都很丰富，关键是如何摆正自己的位置。

随着视野的开阔，胡道亮越来越清醒地认识到知识的重要性，未能到学校接受教育是他的一大遗憾。自从2004年开始，他便坚持学习，对文化知识的渴求也延续到下一代身上，他计划把将满学龄的儿子送到县城读书，让其接受良好的教育。

PART 13 历史档案

历届残奥会举办地

届次	年份	举行地点
第 1 届	1960 年	罗马（意大利）
第 2 届	1964 年	东京（日本）
第 3 届	1968 年	特拉维夫（以色列）
第 4 届	1972 年	海德堡（原联邦德国）
第 5 届	1976 年	多伦多（加拿大）
第 6 届	1980 年	阿纳姆（荷兰）
第 7 届	1984 年	斯托克曼德维尔（英国）纽约（美国）
第 8 届	1988 年	首尔（韩国）
第 9 届	1992 年	巴塞罗那（西班牙）
第 10 届	1996 年	亚特兰大（美国）
第 11 届	2000 年	悉尼（澳大利亚）
第 12 届	2004 年	希腊（雅典）
第 13 届	2008 年	北京（中国）
第 14 届	2012 年	英国（伦敦）

历届冬季残奥会一览表

名称	时间	地点	参赛国家和地区数	运动员人数
第一届	1976	瑞典艾西罗斯比库	17	250
第二届	1980	挪威亚罗	18	350
第三届	1984	奥地利因斯布鲁克	21	457
第四届	1988	奥地利因斯布鲁克	22	397
第五届	1992	法国阿尔贝维尔	24	475
第六届	1994	挪威利勒哈默尔	31	492
第七届	1998	日本长野	32	571
第八届	2002	美国盐湖城	36	416
第九届	2006	意大利都灵	39	640
第十届	2010	加拿大温哥华	44	600

男子个人佩剑奖牌榜

届数	年份	城市	第一名	第二名	第三名
第1届	1896	雅典	乔治阿代斯（希）	卡哈卡罗斯（希）	尼埃勒（丹）
第2届	1900	巴黎	德拉发来斯（法）	帝埃步（法）	弗莱斯（奥）
第3届	1904	圣路易斯	地阿茨（古）	格雷拜（美）	祖博斯（古）
第4届	1908	伦敦	富塞斯（匈）	祖拉瓦斯克（匈）	罗布斯多夫（捷）
第5届	1912	斯德哥尔摩	富塞斯（匈）	贝盖斯（匈）	梅斯扎罗斯（匈）
第7届	1920	安特卫普	内·纳第（意）	阿·纳第（意）	德容日（荷）
第8届	1924	巴黎	保斯达（匈）	迪克雷克（法）	加雷（匈）

续表

届数	年份	城市	第一名	第二名	第三名
第 9 届	1928	阿姆斯特丹	特赫斯茨斯扬斯克	佩特斯肖特（匈）	比尼（意）
第 10 届	1932	洛杉矶	比利赫（匈）	高迪尼（意）	盖保斯（匈）
第 11 届	1936	柏林	盖保斯（匈）	马赫茨（意）	阿拉达尔·格雷维奇（匈）
第 14 届	1948	伦敦	阿拉达尔·格雷维奇（匈）	班多（意）	克瓦克斯·皮（匈）
第 15 届	1952	赫尔辛基	克瓦克斯·皮（匈）	阿拉达尔·格雷维奇（匈）	彼赫克斯里利（匈）
第 16 届	1956	墨尔本	卡尔帕蒂（匈）	帕夫洛夫斯基（波兰）	库兹涅佐夫（苏联）
第 17 届	1960	罗马	卡尔帕蒂（匈）	奥赫瓦特（匈）	卡拉赫什（意）
第 18 届	1964	东京	贝茨沙（匈）	阿赫布（法）	马威里哈诺（苏）
第 19 届	1968	墨西哥	巴乌洛乌斯基（波）	哈给达（苏）	贝茨沙（匈）
第 20 届	1972	慕尼黑	斯茨日亚克（苏）	马罗特（匈）	纳兹雷莫夫（苏）
第 21 届	1976	蒙特利尔	克罗沃普斯科夫（苏）	纳兹雷莫夫（苏）	斯茨日亚克（苏）
第 22 届	1980	莫斯科	克罗沃普斯科夫（苏）	布赫塞威（苏）	日道瓦里（匈）
第 23 届	1984	洛杉矶	拉幕尔（法）	马可·马林（意）	威斯特布豪克（美）
第 24 届	1988	汉城（首尔）	拉幕尔（法）	奥勒什（波）	斯卡勒祖（意）
第 25 届	1992	巴塞罗那	斯扎布（匈）	马可·马林（意）	拉幕尔（法）
第 26 届	1996	亚特兰大	波斯尼亚科夫（俄）	沙里科夫（俄）	图亚（法）
第 27 届	2000	悉尼	克劳迪乌（罗）	古尔丹（法）	科特尼（德）
第 28 届	2004	雅典	蒙塔纳（意）	涅姆切克（匈）	特雷蒂亚克（乌）
第 29 届	2008	北京	仲满（中）	尼古拉·洛佩（法）	米哈伊·科瓦柳（罗）

注：第 6 届奥运会由于第一次世界大战爆发停办，第 12 届和第 13 届奥运会由于第二次世界大战爆发停办。

男子个人花剑奖牌榜

届数	年份	城市	第一名	第二名	第三名
第1届	1896	雅典	格拉夫洛特（法）	加卢特（法）	皮埃尔阿克斯（希）
第2届	1900	巴黎	科斯特（法）	马松（法）	布朗热（法）
第3届	1904	圣路易斯	冯斯特（古）	祖保斯特（古）	达特阿姆（美）
第4届	1908	伦敦			
第5届	1912	斯德哥尔摩	内·纳第（意）	斯白西阿拉（奥）	威赫德赫贝（奥）
第7届	1920	安特卫普	内·纳第（意）	卡蒂欧（法）	迪克赫（法）
第8届	1924	巴黎	迪克赫（法）	卡蒂欧（法）	万达姆（比）
第9届	1928	阿姆斯特丹	戈丹（法）	卡斯米尔（德）	朱里奥·高迪尼（意）
第1届	1932	洛杉矶	马尔齐（意）	莱维斯（美）	朱里奥·高迪尼（意）
第10届	1936	柏林	朱里奥·高迪尼（意）	卡赫德赫（法）	波士努（意）
第14届	1948	伦敦	布汉（法）	德奥赫奥拉（法）	马茨拉依（匈）
第15届	1952	赫尔辛基	德奥赫奥拉（法）	芒日阿赫迪（意）	迪赫萨（意）
第16届	1956	墨尔本	德奥赫奥拉（法）	贝尔加米尼（意）	斯帕林诺（意）
第17届	1960	罗马	斯达诺维克斯（苏）	斯茨斯茨克（苏）	阿克塞拉赫德（美）
第18届	1964	东京	冯克（波）	马日南（法）	布特雅特依（苏）
第19届	1968	墨西哥	德赫姆巴（罗）	卡穆蒂（匈）	赫韦尼（法）
第20届	1972	慕尼黑	沃伊达（波）	卡穆蒂（匈）	诺埃尔（法）
第21届	1976	蒙特利尔	达拉祖多（意）	罗曼科夫（苏）	达拉瓦赫德（法）

续表

届数	年份	城市	第一名	第二名	第三名
第22届	1980	莫斯科	斯米尔诺夫（苏）	约里奥（法）	罗曼科夫（苏）
第23届	1984	洛杉矶	努马（意）	贝赫（联邦德国）	斯赫奥尼（意）
第24届	1988	汉城（首尔）	斯赫奥尼·斯（意）	瓦日那（意）	罗曼科夫（苏）
第25届	1992	巴塞罗那	奥姆内斯（法）	戈卢比斯基（独）	日赫克赫（古）
第26届	1996	亚特兰大	普西尼（意）	普吕梅纳尔（法）	布瓦丹（法）
第27届	2000	悉尼	金永浩（韩）	拉·比斯多（德）	切夫琴科（俄）
第28届	2004	雅典	古亚特（法）	桑佐（意）	卡萨拉（意）
第29届	2008	北京	克莱布林克（德）	太田雄贵（日）	桑佐（意）

注：第6届奥运会由于第一次世界大战爆发停办，第12届和第13届奥运会由于第二次世界大战爆发停办。

男子个人重剑奖牌榜

届数	年份	城市	第一名	第二名	第三名
第2届	1900	巴黎	冯斯特（古）	佩里（法）	塞（法）
第3届	1904	圣路易斯	冯斯特（古）	达塔姆（美）	祖波斯特（古）
第4届	1908	伦敦	阿里贝赫特（法）	利浦马尼（法）	奥里维耶合（法）
第5届	1912	斯德哥尔摩	安斯巴什（比）	奥斯涅（丹）	德布里涅勒阿赫第（比）
第7届	1920	安特卫普	马萨赫德（法）	利浦马尼（法）	日沃赫斯（比）
第8届	1924	巴黎	第拉波赫特（比）	杜克赫特（法）	埃拉斯坦（瑞）

届数	年份	城市	第一名	第二名	第三名
第9届	1928	阿姆斯特丹	戈丹（法）	比夏尔（法）	卡尔南（美）
第10届	1932	洛杉矶	梅迪奇（意）	布查德（法）	阿戈斯托尼（意）
第11届	1936	柏林	赫卡赫第（意）	哈日努（意）	高赫那日阿（意）
第14届	1948	伦敦	冈多那（意）	扎贝里（瑞）	芒日阿赫迪（意）
第15届	1952	赫尔辛基	芒日好第（意）	芒日阿赫迪（意）	扎贝里（瑞）
第16届	1956	墨尔本	巴渥斯（意）	德勒菲诺（意）	芒日阿赫迪（意）
第17届	1960	罗马	德勒菲诺（意）	扎依（英）	哈巴好维（苏）
第18届	1964	东京	克赫斯（苏）	奥斯克尼斯（英）	郭思达瓦（苏）
第19届	1968	墨西哥	古拉斯萨赫（匈）	克赫斯（苏）	萨科豪（意）
第20届	1972	慕尼黑	费尼韦希（匈）	拉德盖勒里埃（法）	古拉斯萨（匈）
第21届	1976	蒙特利尔	布什（联邦德国）	第·汉勒（联邦德国）	古拉斯萨（匈）
第22届	1980	莫斯科	阿赫芒贝赫日（瑞）	克勒祖纳依（匈）	赫布（法）
第23届	1984	洛杉矶	布瓦斯（法）	瓦克（瑞）	赫布（法）
第24届	1988	汉城（首尔）	史密特（联邦德国）	赫布（法）	苏瓦罗沃（苏）
第25届	1992	巴塞罗那	斯赫克（独）	克罗克沃（独）亨利（法）	克斯达和渥（俄）
第26届	1996	亚特兰大	别克托夫（俄）	特雷维诺（古）	依姆雷（匈）
第27届	2000	悉尼	克洛布科夫（俄）	奥布里（古）	李相箕（韩）
第28届	2004	雅典	费舍尔（瑞）	王磊（中）	科罗布科夫（俄）
第29届	2008	北京	塔利亚里奥尔（意）	法布里斯·让内（法）	路易斯·阿瓦霍（西）

注：第6届奥运会由于第一次世界大战爆发停办，第12届和第13届奥运会由于第二次世界大战爆发停办。

女子个人佩剑奖牌榜

届数	年份	城市	第一名	第二名	第三名
第 28 届	2004	雅典	萨格尼斯（美）	谭雪（中）	雅各布森（美）
第 29 届	2008	北京	玛丽埃尔·扎格尼（美）	斯、萨达·雅各布（美）	森、贝卡·沃德（美）

女子个人花剑奖牌榜

届数	年份	城市	第一名	第二名	第三名
第 8 届	1924	巴黎	奥斯埃（丹）	黛维斯（英）	埃克斯塞（丹）
第 9 届	1928	阿姆斯特丹	玛雅（德）	弗拉埃芒（英）	奥埃拉克斯（德）
第 10 届	1932	洛杉矶	穆勒·波丝（奥）	桂纳丝（英）	布卡特依（匈）
第 11 届	1936	柏林	伊伦娜·埃列克（匈）	玛雅（德）	穆勒·波丝（奥）
第 14 届	1948	伦敦	伊伦娜·埃列克（匈）	拉什芒（丹）	穆勒·波丝（奥）
第 15 届	1952	赫尔辛基	康拜（意）	伊伦娜·埃列克（匈）	拉什芒（丹）
第 16 届	1956	墨尔本	塞恩（英）	奥荷邦（罗）	卡莱荷（法）
第 17 届	1960	罗马	史密特（联邦德国）	赫斯特渥罗娃（苏）	维克拉（罗）
第 18 届	1964	东京	赫日多（匈）	梅埃丝（联邦德国）	哈日努（意）
第 19 届	1968	墨西哥	诺维科娃（苏）	罗丹（墨）	赫日多（匈）
第 20 届	1972	慕尼黑	哈日努（意）	暴比丝（匈）	格罗诺娃（苏）
第 21 届	1976	蒙特利尔	道荷达丝（匈）	考利诺（意）	诺维科娃（苏）
第 22 届	1980	莫斯科	特汉盖特·沃（法）	罗马丝（匈）	微索柯赞斯卡（波）

届数	年份	城市	第一名	第二名	第三名
第23届	1984	洛杉矶	栾菊杰（中）	哈尼施（联邦德国）	瓦卡洛尼（意）
第24届	1988	汉城（首尔）	费西戴尔（联邦德国）	鲍·丝（联邦德国）	冯根豪茨（联邦德国）
第25届	1992	巴塞罗那	特列利尼（意）	王会凤（中）	萨多维斯卡亚（苏）
第26届	1996	亚特兰大	巴黛（罗）	维扎莉（意）	特列利尼（意）
第27届	2000	悉尼	瓦·韦扎利（意）	丽·柯尼希（德）	焦·特里利尼（意）
第28届	2004	雅典	维扎利（意）	特里利尼（意）	格鲁查拉（波）
第29届	2008	北京	韦扎利（意）	南贤喜（韩）	格兰巴西（意）

注：第12届和第13届奥运会由于第二次世界大战爆发停办。

女子个人重剑奖牌榜

届数	年份	城市	第一名	第二名	第三名
第26届	1996	亚特兰大	弗莱瑟尔（法）	巴尔卢瓦（法）	霍瓦特纳（匈）扎拉菲（意）
第27届	2000	悉尼	蒂·纳吉（匈）	哈布吕策尔（瑞）	弗莱塞尔（法）
第28届	2004	雅典	纳吉（匈）	弗莱塞（法）	尼西玛（法）
第29届	2010	北京	海德曼（意）	布伦泽（罗）	伊尔迪科（匈）

中国六剑种全满贯历程

中国击剑运动经过半个世纪以来的不断进步和发展，终于在2010年完成了击剑运动六个剑种在奥运会或世锦赛上的满贯荣耀。

在法国巴黎进行的 2010 世界击剑锦标赛上，我国"新三剑客"雷声、朱俊、黄良财在男子花剑团体赛的决赛中以 45：43 惊险逆转意大利队，历史上首次在世界大赛上赢得男子花剑团体冠军。至此，从 1984 年的栾菊杰到 2010 年的男花新三剑客，中国击剑用了 26 年的时间，完成了男、女六个剑种的奥运会或世锦赛冠军全满贯荣耀。

女子花剑：栾菊杰 1984 年洛杉矶奥运会

1984 年我国"天下第一剑"栾菊杰在第 23 届洛杉矶奥运会女子花剑比赛里一路过关斩将，一举夺冠，从欧洲人的夹缝中抢走了一枚宝贵的花剑金牌，用血汗在洛杉矶奥运会上奏响了《义勇军进行曲》。结束了击剑从 1896 年列为奥运项目以来由欧美人垄断称霸 88 年的历史，赢得了中国击剑史上首枚奥运金牌，这也是亚洲击剑奥运史上第一金。就连国际剑联官员盛赞栾菊杰的高超技艺："我们看了这里所有强手的比赛，栾无论是在风格上，还是在技术上都比其他人高出一级，她懂得根据不同的对手采用不同的打法，她的智慧和勇气旗鼓相当！"

女子佩剑：谭雪 2002 年击剑世锦赛

女子佩剑直到 1999 年才被列为世锦赛正式项目，2002 年世锦赛上，当时初出茅庐的谭雪异军突起连灭强敌，决赛挑战世界排名第一的阿塞拜疆名将杰玛艾娃，谭雪开场就暴风骤雨般连刺对手 7 剑。杰玛艾娃缓过神来利用丰富的大赛经验将比分追成 8 平，双方 10 平、11 平、12 平一直胶着，杰玛艾娃加快节奏 14：12 抢到赛点，但关键时刻谭雪没有手软，连续三次出剑，全是一剑封喉，从而以 15：14 力克对手，最终为中国赢得击剑世锦赛历史首金。

男子重剑：王磊 2006 年世锦赛

王磊 2004 年雅典奥运会屈居男子重剑亚军之后就声名鹊起，2006

年世锦赛他彰显尚佳状态，这位比赛型的选手越打越兴奋，决赛里他与葡萄牙选手华金·贝迪埃拉艰苦鏖战成 5 平不分伯仲，最后只能通过加赛分出胜负，王磊加赛采取鱼死网破的进攻战术，打了对手一个措手不及，电光石化双剑交错的刹那，王磊这边彩灯亮起，王磊成为中国史上首位男子击剑世界冠军，也是中国重剑首位世界冠军。

女子重剑：中国队 2006 年世锦赛

骆晓娟、李娜、张莉和仲维萍组成的中国女子重剑队在 2006 年世锦赛谱写华美乐章，她们 1/4 决赛以 45：34 淘汰世界排名第二的匈牙利队，在半决赛中又以 30：28 力克奥运会亚军德国队，决赛中国姑娘以 45：26 的大比分横扫世界排名第一的法国队，从而赢得中国击剑史上第一块团体项目世锦赛金牌。

男子佩剑：仲满 2008 年北京奥运会

2008 年北京奥运会男子佩剑比赛仲满以黑马身份连续过关斩将，决赛在一度落后的局面下爆发，15：9 力挫法国选手尼古拉·洛佩夺冠，成为了中国第一位男子击剑奥运冠军，也是中国第一个佩剑奥运冠军。

男子花剑：中国队 2010 年世锦赛

中国男花早在董兆致、王海滨、叶冲的三剑客时代就具备了夺得奥运会和世锦赛金牌的实力，但是最终都因种种原因而错失了男花团体世界冠军头衔。直到 2010 年世锦赛由"新三剑客"黄良财、雷声、朱俊组成的中国男花作为中国击剑史上首个"世界排名第一"志在必得，决赛里凭借单项世界排名第一的雷声压轴大逆转，45：43 力挫卫冕冠军意大利，弥补了从三剑客时代开始十余年的遗憾。